Turquia

O nascimento da «Nova Turquia» de Recep Tayyip Erdoğan é um exemplo da ascensão das «democracias iliberais» que governos autoritários do mundo todo estão promovendo por meio da erosão de direitos civis, da liberdade de imprensa, da separação dos poderes e da independência do sistema judiciário. Cada país fez isso a seu modo – e cada um encontrou sua forma de resistência. A Turquia sempre foi um país complexo muito antes da ascensão desse novo sultão otomano; estabelecida como Estado há cerca de cem anos, saída das cinzas de um império multiétnico, multirreligioso, a república ainda tem que lidar com a identidade homogênea e artificialmente secular imposta pelo «pai» da nação, Kemal Atatürk, um sofrimento a qualquer um que não se mostre disposto a aceitar sua definição de «turquidade». O conflito entre o legado kemalista e o islamismo político de Erdoğan é apenas uma das contradições não resolvidas de um país dividido que passou por repetidas crises na última década, da tentativa de um golpe militar até uma série de ataques terroristas e guerras tanto dentro de suas fronteiras quanto além delas. De um jeito ou de outro, o governo de Erdoğan, cínico e corrupto, sempre conseguiu superar as dificuldades que criou para si, em parte graças à repressão feroz dos dissidentes e ao uso de recursos do Estado para seus próprios fins – como desenvolver projetos de infraestrutura baseados não só em questões econômicas, mas em motivos menos nobres, como o apagamento da história. Foi o que ocorreu com a antiga cidade curda de Hasankeyf, inundada pela construção de uma barragem. Mas também existe a esperança de uma Turquia diferente, fortalecida por sua diversidade ao manter vivo o espírito das manifestações de 2013 no parque Gezi, o movimento de protesto mais estimulante da história do país. A resistência assume diversas formas, muitas vezes individuais, mas se encontra em toda parte: mulheres se erguem contra homens que as amam «até a morte», minorias tentam retomar o controle de suas culturas por meio do diálogo com a maioria turca, cartunistas desafiam a censura, rappers dão voz a uma geração silenciada pelo consumismo estimulado pelo governo, e até torcedores de futebol deixam de lado a rivalidade, mesmo que apenas por instantes, para se juntarem na luta contra o inimigo comum.

Sumário

Turquia em números	6
A obsessão nacional — Kaleydoskop	8
O ícone: Bülent Ersoy — Kaleydoskop	12

A grande escavação — Elif Batuman 14
Os urbanistas de Istambul têm um problema: história demais. E pautas demais: que capítulo do passado deve ser ressaltado? As origens pré--islâmicas da Turquia promovidas por Atatürk ou as glórias otomanas tão caras ao presidente Erdoğan?

Não chame de novelas — Fatima Bhutto 37
Séries turcas competem em popularidade internacional com programas norte-americanos, conquistando Oriente Médio, Ásia e América Latina. Qual é a razão desse sucesso?

Os trinta anos do golpe na Turquia — Dexter Filkins 50
Um pregador islâmico exilado estava por trás da tentativa do golpe militar de 2016? Dexter Filkins analisa os segredos e os mistérios do movimento gülenista, bem como o choque com seu ex-aliado, o presidente Erdoğan.

Negócios à la turca — Alev Scott 79
Um retrato da economia turca: impulsionada por um espírito empreendedor inato e pelo sonho da riqueza imediata, a economia se vê forçada a operar em um ambiente político propenso à instabilidade.

Eros e Tânatos no restaurante — Sema Kaygusuz 92
Embora o movimento feminista turco exista há mais de um século, as mulheres ainda se veem presas entre duas ideologias opostas mas igualmente sufocantes – uma secular, outra religiosa. Apenas há pouco tempo elas começaram a ser ouvidas.

Sobre djims e luz — Burhan Sönmez 108
Todo verão Burhan Sönmez volta à Anatolia Central, ao vilarejo onde nasceu – mas o único resquício que ele encontra daquele mundo rural imaculado é a língua curda, proibida de ser falada.

As raízes do nacionalismo turco — Gerhard Schweizer 123
Das ruínas do Império Otomano, quando turcos, curdos, armênios e gregos conviveram por séculos, emergiu um novo nacionalismo destinado a separar os diferentes povos e impor uma turquização compulsória cujas principais vítimas foram os armênios.

Uma fábula sem final feliz — Ercan y Yılmaz · 134

No coração da bacia mesopotâmica, berço de uma das civilizações mais antigas do mundo, Hasankeyf deveria ter sido uma das principais candidatas a integrar o Patrimônio da Humanidade da Unesco. Em vez de ser inundada por turistas, a cidade foi tragada pelas águas do rio Tigre.

«Eu rimo Istambul»: de Kreuzberg para a Turquia e da Turquia para Kreuzberg — Begüm Kovulmaz · 155

O rap turco surgiu primeiro em Kreuzberg, Berlim, e chegou à Turquia na década de 1990, onde permaneceu como um gênero de nicho por muitos anos. Quando explodiu no mainstream, nos anos 2010, já estava maduro o bastante para se tornar a principal voz dos protestos de Gezi.

A ponta afiada do lápis: sátira na era Erdoğan — Valentina Marcella · 173

Entre protestos e censura, a sátira é um dos poucos canais de crítica ao governo, e os cartunistas continuam na batalha contra as tentativas de esmagar o direito à liberdade de expressão.

Torcidas organizadas unidas: como os protestos do parque Gezi irmanaram torcedores — Stephen Wood · 189

Os protestos de 2013 tiveram um alcance tão amplo que conseguiram até o milagre de construir uma ponte sobre o abismo que separa os três gigantes do futebol de Istambul – o Galatasaray, o Fenerbahçe e o Beşiktaş –, uma das rivalidades mais acirradas do futebol mundial.

Um sinal dos tempos — Kaleydoskop · 200
Uma autora recomenda — Elif Shafak · 202
Uma playlist — Açık Radyo e Kaleydoskop · 204
Fontes complementares · 206

As fotografias desta edição são de **Nicola Zolin,** repórter fotográfico e escritor que vive entre Veneza, Atenas e Istambul. Seu trabalho busca investigar as transformações sociais e ambientais nas fronteiras entre Europa, Oriente Médio e Ásia, o modo como as pessoas competem por recursos naturais, enquanto registra o significado de liberdade para os diferentes povos. É autor do livro *I passeggeri della terra* (Alpine Studio, 2016), e seus artigos e trabalhos têm saído em publicações como *Stern*, *6Mois*, *Politico*, *Al Jazeera*, *Vice*, *Der Spiegel*, *La Repubblica*, *Le Parisien*, *Corriere della Sera*, *El Mundo, De Standaard*, *Aftenposten, Internazionale*, *Süddeutsche Zeitung, The Caravan, La Croix* e *Left*. Seus projetos foram indicados a prêmios, entre eles o Bayeux Calvados-Normandy para correspondentes de guerra (2019), o Prêmio do Festival de Fotografia Ética (2016, 2018) e o Tokyo Foto Awards (2018).

Turquia em números

ÍNDICE EUROPEU DE ALFABETIZAÇÃO MIDIÁTICA

O índice mede a capacidade de acesso à mídia e da compreensão crítica de seus diferentes aspectos.

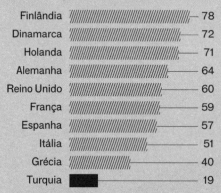

Finlândia	78
Dinamarca	72
Holanda	71
Alemanha	64
Reino Unido	60
França	59
Espanha	57
Itália	51
Grécia	40
Turquia	19

FONTE: OPEN SOCIETY INSTITUTE SOFIA

TRABALHO DURO

Porcentagem de pessoas que trabalham mais de sessenta horas por semana em sua atividade principal; ranking mundial.

Turquia — 1 — 31,6%
Reino Unido — 21 — 5,2%
Brasil — 26 — 4,4%
Itália — 29 — 3,9%
Estados Unidos — 30 — 3,8%
Suíça — 42 — 1,9%

FONTE: OCDE

ISTAMBUL X LONDRES

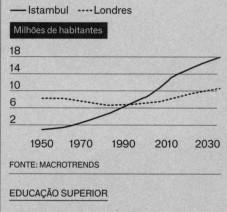

— Istambul ---- Londres
Milhões de habitantes

FONTE: MACROTRENDS

EDUCAÇÃO SUPERIOR

Porcentagem de pessoas entre 25 e 34 anos matriculadas na educação superior, 2008-2018.

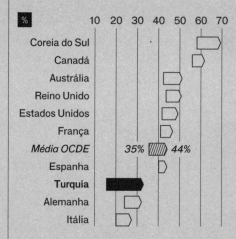

Coreia do Sul, Canadá, Austrália, Reino Unido, Estados Unidos, França, Média OCDE 35% / 44%, Espanha, **Turquia**, Alemanha, Itália

FONTE: OCDE

PODER MILITAR

O Exército turco tem o segundo maior número de tropas ativas na Otan.

👤 = 50 mil tropas

① **Estados Unidos** 1.348.400

② **Turquia** 355.200

③ **França** 202.700

④ **Alemanha** 178.600

⑤ **Itália** 174.500

FONTE: WIKIPEDIA

HORA DO CHÁ

Consumo *per capita* (2016)

① **Turquia** (3,16 kg)

② **República da Irlanda** (2,19 kg)

③ **Reino Unido** (1,94 kg)

④ **Rússia** (1,34 kg)

⑤ **Maroccos** (1,22 kg)

FONTE: WIKIPEDIA

AVELÃS

515

mil toneladas foram produzidas na Turquia em 2018, das quais cerca de um terço costuma ser comprado pelo grupo italiano Ferrero Rocher, para fabricar Nutella.

FONTE: AGÊNCIA DA ONU PARA A ALIMENTAÇÃO E A AGRICULTURA E *NYT*

REFUGIADOS

4,1

milhões de refugiados viviam na Turquia em 2020. Desde 2014 o país vem acolhendo mais refugiados do que qualquer outro.

FONTE: ACNUR

CENSURA

Número de pedidos legais para a remoção de conteúdo do Twitter ao longo de seis meses (janeiro-junho de 2019).

Turquia — 6.073
Japão — 5.144
Rússia — 3.810
Coreia do Sul — 1.670
Índia — 504

FONTE: TWITTER

ALIADOS?

Porcentagem do público favorável ou contrário à Otan.

○ Não favorável ● Favorável ┊ Média dos membros da Otan

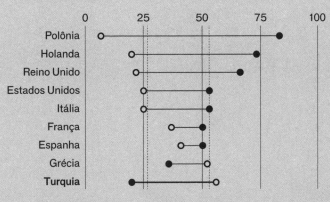

FONTE: PEW RESEARCH CENTRE

Turquia em números 7

A obsessão nacional: rakı e çay

KALEYDOSKOP

Durante o Simpósio Global sobre Política do Álcool que a Organização Mundial da Saúde realizou em Istambul em abril de 2013, Recep Tayyip Erdoğan afirmou: «Nossa bebida nacional é o *ayran*, e não o *rakı*». E assim contrapôs a bebida feita de iogurte, água e sal à aguardente destilada de uva e aromatizada com anis. A declaração do então primeiro-ministro rendeu semanas de comentários bem-humorados e irônicos em jornais e nas mídias sociais, que poderiam muito bem ter se estendido até hoje se um mês depois os protestos do parque Gezi não tivessem irrompido.

Conhecido como «leite de leão» e «aguardente nacional», o *rakı* turco é parente do *ouzo* grego e do *pastis* francês, mas não deve ser confundido com o destilado frutado dos Bálcãs, a *rakija*. Segundo Mehmet Yaşın, jornalista especializado em gastronomia, o *rakı* é «o elemento mais importante da cultura turca». Seu consumo obedece a diversas regras e rituais que são tacitamente compartilhados e seguidos à risca. Uma pessoa sozinha, por exemplo, não pediria um *rakı* num bar (na verdade, muitos bares e pubs nem servem a aguardente); se alguém o fizesse, seria para chamar atenção, porque estaria particularmente desesperado ou por ser estrangeiro. Bebe-se *rakı* em companhia, num ritmo lento, junto com a comida, mas uma refeição completa: o *rakı* é degustado com uma série de pequenos pratos, *meze*, que são sobretudo frios, mas não exclusivamente, e que podem incluir legumes no azeite, queijo fresco, peixe marinado, molhos, frutas... Isso porque é a comida que acompanha a bebida, e não o contrário, então é preciso pedir pratos que não estraguem se não forem consumidos imediatamente.

A cultura do *meze* reflete a culinária grega e armênia, e não é de surpreender, visto que os *meyhaneci*, os estalajadeiros que administravam as tavernas em que se bebia *rakı*, conhecidas como *meyhanes* (literalmente «casas de vinho»), eram não muçulmanos do império. As regras da *rakı masası*, ou mesa de *rakı*, se referem não apenas à higiene e culinária, mas também a códigos de conduta. De preferência, à mesa não devem sentar muitos convivas, se bem que o número deles possa aumentar ao longo da noite; a conversa gira em torno de anedotas e experiências pessoais, política, literatura e... sexo, se não houver mulheres presentes. Embora antigamente não existisse uma lei explícita que proibisse a presença delas, pairava no ar um *kadın tabusu*, um tabu para mulheres, e até os primeiros anos da república elas não eram aceitas nos *meyhanes*. As coisas começaram a mudar no fim dos anos 1940 nos estabelecimentos de proprietários gregos, e a partir da década de 1950 mulheres da elite intelectual se tornaram clientes regulares. No entanto, foi só nos anos 1970 que os *meyhanes* passaram a aceitar a presença feminina de forma ampla, quando assumiram sua condição atual de «restaurantes que servem álcool».

A música também compõe o ambiente de mesa de *rakı*. Em uma enciclopédia de 2019, Murat Meriç explica como a música do *meyhane* foi mudando de acordo com o clima político e a época: rock, pop, arabesk, música folk e alaturka (tradicional música clássica otomana, o mais antigo acompanhamento do *rakı*). A *Rakı Ansiklopedisi* (Enciclopédia do *Rakı*, 2011), que reúne dezenas de escritores e jornalistas, dedica toda uma seção ao arabesk, assim definido: «Gênero musical que combina elementos da música turca tradicional, do pop árabe, indiano e ocidental, e da música clássica. Tido como fenômeno social desde que surgiu, nos anos 1960, ele se tornou um acompanhamento natural para o vinho e o *rakı*».

O *raki* já foi o drinque predileto de todas as classes sociais, pois era muito mais acessível que as bebidas importadas. Na última década, porém, seu preço aumentou desproporcionalmente, tornando-o proibitivo a muitas pessoas, em particular aos mais jovens, para os quais a cultura do *meyhane* é menos popular do que era para as gerações anteriores. O imposto sobre produtos de luxo, aplicado duas vezes ao ano, subiu 600% entre 2009 e 2019, e quase 75% do preço de uma «grande» de *raki* (a garrafa de 700 mililitros) diz respeito a algum tipo de imposto. A tendência de consumo tem sido inversamente proporcional: caiu de 45 milhões de litros por ano em 2012 para 38 milhões em 2019. Mas há também outro fator por trás

KALEYDOSKOP — Turchia, Cultura e Società, além de ser uma publicação on-line, é uma associação cultural italiana que divulga notícias e promove uma visão mais aprofundada da Turquia contemporânea. Com interesses que vão desde cinema e literatura até fotografia e sátira, ela organiza eventos na Itália e na Turquia. Fundada em 2017, é administrada por uma equipe que conta com Lea Nocera, Valentina Marcella, Carlotta De Sanctis e Giulia Ansaldo. As seções fixas desta edição de *The Passenger* têm curadoria da *Kaleydoskop.*

disso: fazer *rakı* em casa está se tornando frequente entre aqueles que não conseguem abrir mão da bebida. Essas infusões caseiras raramente são produzidas por meio de um processo adequado de destilação, que na maioria dos casos se reduz a aromatizar o etanol com semente de anis e açúcar. Essa prática se espalhou tanto que, numa tentativa de combatê-la, o governo aprovou uma lei no fim de 2017 tornando obrigatório que todo etanol vendido ao público tivesse benzoato de denatônio, que deixa o álcool com um sabor desagradável.

Enquanto beber *raki* em público implica todo um ritual, o modo como ele é consumido fica a cargo do freguês, marca de distinção e individualidade. Simples, duplo, puro, intercalado com água, misturado à água, com uma ou duas pedras de gelo, num copo de *rakı* alto e estreito, num pequeno copo tulipa para chá...

Depois do segundo ou terceiro *rakı*, é aconselhável fazer uma pausa e tomar um copo de chá quente antes de continuar. O que nos leva a outro elemento determinante da cultura social e culinária turca: o chá, *çay*, também envolto em diversas regras e rituais de preparação e produção. Sachê ou a granel? Fraco ou forte? Turco ou contrabandeado?

Até 1984, a indústria de chá na Turquia era monopólio estatal, porém ainda hoje o chá turco é produzido sobretudo pela Çaykur, empresa administrada pelo Estado e responsável por quase metade da produção no país, com 46 indústrias de processamento e uma fábrica de embalagem na região do mar Negro, entre Rize, Trabzon, Giresun e Artvin. Mesmo na época do monopólio estatal, sempre houve um comércio enorme de chá contrabandeado. Quando em 1984 o mercado abriu para empresas particulares e importadoras, legalizou-se o *kaçak çay* – chá do Ceilão tradicionalmente transportado do Sri Lanka em comboio de mulas por Irã, Iraque e Síria. Era um chá apreciado havia muito por suas folhas grandes, de infusão rápida, que desprendem um sabor forte e cítrico, produzindo uma bebida de cor escura. Hoje ele

continua sendo o chá mais popular e de amplo consumo no leste e sudeste do país, onde as pessoas ainda o chamam de *kaçak*, embora já não seja contrabandeado.

Apesar de o chá importado já estar disponível na Turquia há quase quarenta anos, as rotas de contrabando permaneceram abertas; com importações anuais estimadas em mais de 40 mil toneladas, o *kaçak çay* representa uma porção significativa das 250 mil toneladas de chá consumidas por ano no país. A marca que identifica o chá do Ceilão produzido no Sri Lanka, um leão de perfil brandindo uma espada, foi pirateada e usada em chás importados ilegalmente — em particular do Irã, hoje o principal produtor e fornecedor do chá contrabandeado na Turquia —, e também dos chás caseiros produzidos ilicitamente. A prática se tornou tão difundida que em agosto de 2019 o Ministério da Agricultura do Sri Lanka fez uma queixa formal sobre o uso impróprio de sua logomarca na Turquia.

Por razões econômicas, as autoridades tentaram fechar o cerco contra o consumo de *kaçak çay*, realizando desde apreensões nas alfândegas — média de 2 mil toneladas por ano — até pronunciamentos regulares sobre supostos riscos do produto à saúde, já que apresentaria resquícios de pesticidas não regulamentados. Também se espalharam histórias alarmistas que alegavam que, para obter sua valiosa cor escura, o chá contrabandeado era tingido com sangue de suínos. Com o objetivo de enfrentar as importações ilegais, em 2014 a Çaykur fez até uma tentativa (malsucedida) de criar um produto com o mesmo sabor e características da variedade *kaçak*.

O *kaçak çay* é uma combinação pobre para o paladar nacionalista e a culinária turca, assunto que tem sido discutido em artigos de jornal. Entretanto, no sudeste do país — ou seja, nas áreas de maioria curda —, boicotar o fabricante estatal também é parte da luta identitária, e o consumo quase exclusivo de *kaçak çay* não se deve ao sabor ou à geografia, mas também à política.

O ícone: Bülent Ersoy, a Diva

KALEYDOSKOP

Cabeleira negra e farta, olhos marcados de delineador, nariz pequeno, lábios carnudos e gosto por roupas excêntricas, Bülent Ersoy – conhecida por «Diva» desde sua cirurgia de redesignação sexual – é um ícone, uma «cantora de música tradicional do país (alaturka), com uma voz, uma capacidade de interpretação e uma personalidade inigualáveis», segundo a jornalista Pınar Öğünç.

Nascida Bülent Erkoç na cidade de Malatya em 1952, Diva é uma figura incontornável na história da música no país. Ela cresceu em Istambul e conta que aos três anos começou a estudar num conservatório, tendo aulas com compositores da importância de Rıdvan Aytan. Estreou em público em 1970 e gravou seu primeiro disco um ano depois, antes de completar vinte anos. Ao longo da década de 1970, apresentou-se em *meyhanes* e *gazinos*, locais em que se permitiam bebidas alcoólicas e shows de música ao vivo, e onde conheceu grandes nomes do canto clássico tradicional turco, como Müzeyyen Senar e Zeki Müren. Tornou-se um dos rostos famosos do prestigioso night club Maksim Gazinosu de Istambul, e no fim dos anos 1970 e início dos 1980 estrelou diversos filmes que acabaram por documentar sua gradual transformação física.

Em agosto de 1980, um mês antes do golpe militar no país, em resposta à ovação do público em um show na Feira Internacional de Izmir, Ersoy mostrou os seios, ato então chocante que levou a promotoria pública a abrir um processo contra ela. Depois de insultar o juiz responsável por notificá-la em casa, Ersoy foi detida e condenada a onze meses de prisão, dos quais cumpriu 45 dias. Em 1981, durante o estado de sítio, a polícia de Istambul vetou um show que ela faria em junho daquele ano, e logo depois todos os artistas travestis e transexuais foram proibidos de se apresentar. O veto vigorou por oito anos.

A decisão foi tomada dois meses depois de Ersoy passar por uma cirurgia de redesignação sexual em Londres, em abril de 1981. O procedimento recebeu uma cobertura excepcional da mídia turca, com os jornais noticiando até mesmo detalhes como o valor da operação. Sem mencionar explicitamente a cantora, revistas satíricas de alta circulação, como a *Gırgır*, publicaram diversos cartuns sobre travestimento e transexualidade, o que contribuiu para sensibilizar a consciência pública. A mídia também veiculou que, ao deixar a Turquia como homem, portando, pois, a carteira de identidade azul (segundo as normas do país), e voltar como mulher, foi-lhe negado o documento cor-de-rosa. Isso só se resolveu em 1988, quando o governo de Turgut Özal aprovou uma lei que reconhecia o direito legal de mudança de gênero. Nesse mesmo ano revogou-se a proibição de apresentações de artistas transexuais.

Nas décadas de 1980 e 1990 – que incluíram um período em que a artista viveu no exílio, em grande parte na Alemanha e na Austrália –, sua fama se espalhou para além das fronteiras nacionais e ela se tornou a primeira artista turca a se apresentar em casas tão lendárias quanto o London Palladium (1980), o Madison Square Garden em Nova York (1983) e o Olympia em Paris (1997). Célebre intérprete da música tradicional turca, no auge de sua carreira ela também se aventurou em gêneros mais comerciais, como arabesk, pop e *fantazi*, seguindo a moda da época, com canções que se tornaram hits cultuados na cena LGBTQ, como «Sefam Olsun», de 1993, um hino ao hedonismo e à liberdade sexual.

Ersoy estampou inúmeras manchetes ao se envolver em escândalos e questões legais, uma das quais lhe rendeu dois meses de prisão em 1982 – dessa vez numa penitenciária feminina –, quando agrediu um jornalista. Em 1989, durante um show em Adana, foi baleada e ferida (o que lhe custou a perda de um rim) por um fã quando se recusou a cantar «Cırpınırdı Karadeniz», uma conhecida balada do mar Negro, popular entre os ultranacionalistas.

Bülent Ersoy é um ícone de penteados excêntricos e de um vocabulário complexo que inclui muitas palavras otomanas. Mesmo sua interpretação do nacionalismo é singular, oscilando entre posturas conservadoras e liberais. Sua proximidade manifesta com Recep Tayyip Erdoğan a empurrou para a linha de fogo da mídia, principalmente no dia 26 de junho de 2016, quando a marcha pelos direitos LGBTQ foi proibida pelo segundo ano consecutivo e Diva foi fotografada em um *iftar* (refeição noturna durante o Ramadã) que Erdoğan organizou para artistas. A mídia aproveitou para lembrar as declarações que ela havia feito logo depois do golpe de 1980, exaltando o general Kenan Evren por ter dado fim à violência diária nas ruas entre esquerda e direita – embora mais tarde ela tenha revisto esse alinhamento ao criticar a lei que proibia a apresentação de artistas trans. De defensora e pioneira na batalha pelos direitos LGBTQ na Turquia à figura conservadora que mantém laços estreitos com os homens do poder, dona de uma carreira extraordinária com mais de cinquenta álbuns e inúmeros incidentes, sua trajetória artística e pessoal marcou de modo significativo alguns momentos-chave da história turca nas últimas cinco décadas.

A GRANDE ESCAVAÇÃO

Os urbanistas de Istambul têm um problema: história demais. E pautas demais: que capítulo do passado deve ser ressaltado? As origens pré-islâmicas da Turquia promovidas por Atatürk ou as glórias otomanas tão caras ao presidente Erdoğan?

A mesquita Nusretiye, da era otomana, situada junto ao Bósforo, no bairro de Tophane, em Istambul.

15

Quando foi preciso determinar a localização exata do primeiro túnel que atravessaria o Bósforo – o estreito que divide a parte europeia de Istambul da asiática, e que liga o mar Negro ao mar de Mármara –, uma das principais preocupações era como não se deparar com alguma maravilha arqueológica. O túnel se destinava a um novo trem de alta velocidade, o Marmaray (uma combinação de Mármara e *ray*, trilhos, em turco), integrado ao sistema de metrô da cidade. Um cuidado básico era onde situar a estação principal na margem europeia, local das antigas Bizâncio e Constantinopla: tudo que as muralhas da cidade velha abarcam foi considerado patrimônio histórico tanto pela Unesco quanto pelo governo turco, e todas as escavações devem ser supervisionadas pelo Museu Arqueológico de Istambul. O local por fim escolhido, no bairro operário de Yenikapı, tinha, convenientemente, passado a maior parte da Antiguidade debaixo d'água. No Império Bizantino, era um porto.

«O que se pode encontrar em um porto?», me disse um funcionário quando perguntei sobre a decisão. «Leito e areia. Não vão aparecer estruturas arquitetônicas.»

Pois bem: uma igreja bizantina minúscula surgiu em Yenikapı, sob as fundações de alguns prédios residenciais demolidos. Mas o verdadeiro problema foi o grande número de embarcações bizantinas naufragadas que começaram a vir à tona assim que a escavação teve início em 2004.

Datando dos séculos V ao XI, elas ilustravam um capítulo até então obscuro da história da construção naval e estavam excepcionalmente bem preservadas, tendo, ao que tudo indicava, permanecido enterradas na areia ao longo de uma série de desastres naturais.

Em conformidade com a lei turca, a fiscalização do sítio passou para o museu e foi suspensa a utilização de ferramentas mecânicas. De 2005 a 2013, trabalhadores com pás e carrinhos de mão removeram um total de 37 navios naufragados. Quando a escavação alcançou o que havia sido o fundo do mar, os arqueólogos anunciaram que poderiam enfim ceder parte do sítio aos engenheiros depois de feita uma última inspeção do leito marítimo – mera formalidade, disseram, só para garantir que não haviam deixado escapar nada. E foi então que eles descobriram resquícios de uma habitação neolítica, datada de cerca de 6000 a.C. Não havia registros anteriores de que alguém tivesse vivido na cidade velha antes de aproximadamente 1300 a.C. Na tentativa de se desviar de vestígios arqueológicos significativos, os escavadores acabaram descobrindo mais 5 mil anos da história humana de Istambul. Foram necessários cinco anos para escavar a camada neolítica, que revelou sepulturas, cabanas, terra cultivada, ferramentas de madeira e por volta de 2 mil pegadas humanas, milagrosamente conservadas em uma camada de lama assoreada. Na Idade da Pedra, o nível de água do Bósforo era muito mais baixo

ELIF BATUMAN é uma escritora e jornalista americana de origem turca, doutora em literatura comparada pela Universidade Stanford. Desde 2010 ela escreve sobre assuntos variados para a revista *The New Yorker,* de Epiteto a besouros escarabeídeos, de um grupo teatral feminino num vilarejo turco a famílias de aluguel no Japão – artigo com o qual ganhou o US National Magazine Award (publicado no Brasil na revista *piauí* n. 147). Seu primeiro romance, *A idiota* (Companhia das Letras, 2021), integrou a lista dos finalistas do prêmio Pulitzer de 2018. Em 2010, com sua antologia de não ficção *Os possessos: Aventuras com os livros russos e seus leitores* (Leya, 2012), ela foi finalista do National Book Critics Circle Award.

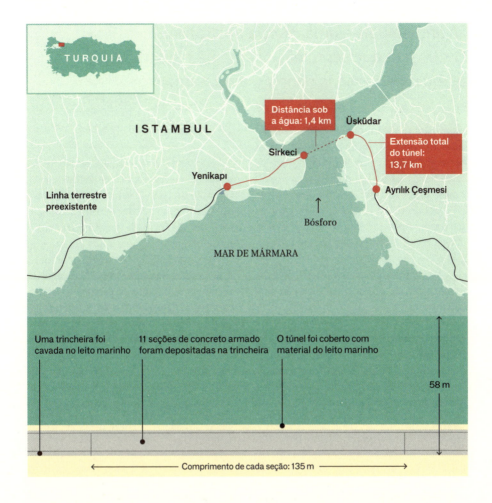

do que é hoje; existe até a possibilidade de que os donos dessas pegadas pudessem *ir a pé* da Anatólia à Europa.

Por mais estimulantes que essas descobertas tenham sido para os arqueólogos, elas não entusiasmaram o primeiro-ministro, Recep Tayyip Erdoğan, que vinha defendendo a criação do túnel quando ainda era prefeito de Istambul, nos anos 1990 (ele está na Presidência desde 2014). Istambul é uma das cidades que apresentam a mais acelerada taxa de crescimento no planeta, com uma população de mais de 14 milhões de pessoas – era menos de 1 milhão em 1950 –, e, de acordo com um estudo recente, ela detém o nada honroso título de pior tráfego do mundo. Em 2013, pelo menos 2 milhões de pessoas cruzavam o Bósforo todo dia, pela ponte ou de barca; o número de travessias de veículos automotivos aumentou 1.180% entre 1988 e 2012. O túnel estava atrasado havia muito tempo.

Em 2011, Erdoğan comemorou seu aniversário de 57 anos no túnel ainda não concluído e culpou as descobertas arqueológicas pelos atrasos na obra. «Ah, apareceram umas cerâmicas arqueológicas – ah, apareceram algumas descobertas», ele disse à

«A arqueologia é uma ciência destrutiva. O sítio tem que ser minuciosamente registrado, porque a escavação depois o devastará.»

imprensa. «É assim que eles põem obstáculos em nosso caminho. Essas coisas aí são mesmo mais importantes do que os seres humanos?» (Em declarações posteriores, Erdoğan referiu-se às descobertas de Yenikapı como «çanak çömlek», expressão desdenhosa para louças, em geral traduzida como «cacarecos».) Ele então assegurou que não haveria mais atrasos: o trem seria inaugurado em 29 de outubro de 2013, no nonagésimo aniversário da República da Turquia.

De fato, em 29 de outubro de 2013 foi dada a largada do Marmaray. Pode-se cruzar o Bósforo em quatro minutos. O serviço de integração com o metrô em Yenikapı teve início em 2014. Um relatório estimou que ele pouparia 25 milhões de horas por ano dos passageiros que se deslocam para o trabalho. Um engenheiro chegou a me descrever a estação Yenikapı como um nó que amarra diferentes tipos de transporte sobre trilhos. E também um nó que amarra diferentes medidas de tempo: milênios e minutos, eras e horas. O restauro dos navios, efetuado com uma tecnologia usada pela primeira vez nas galés vikings, pode levar de cinco a vinte anos. Ufuk Kocabaş, arqueólogo marinho da Universidade de Istambul que começou a trabalhar nos navios em 2005, aos 35 anos, e que hoje é o encarregado da preservação deles, não espera ver o trabalho concluído ainda em vida. Um museu e um parque arqueológico estão sendo edificados para expor as descobertas, e, numa estimativa condizente com a natureza aparentemente infinita do projeto Yenikapı, é possível que a obra acabe por desvendar ainda mais naufrágios.

*

Quando visitei o sítio da escavação de Yenikapı pela primeira vez, em julho de 2013, a estação do trem já estava quase concluída – um colosso de concreto encimado por uma rotunda formada por vidros planos –, mas a estação de metrô ainda era uma escavação arqueológica. Ao todo, o sítio tinha 58 mil metros quadrados, o equivalente a cerca de oito campos de futebol. Os trabalhadores no lado do Marmaray usavam capacetes rígidos fluorescentes combinando com os coletes. No lado do metrô, eles usavam bonés desbotados ou camisetas brancas amarradas na cabeça para se proteger do sol abrasador. Estavam erguendo uma edificação tão impressionante, a seu modo, quanto a estação: uma fortaleza de caixas plásticas de mercado, empilhadas de dez em dez, que se estendia muito além de onde a vista alcançava, cheias de ânforas quebradas, ossos de cavalo, âncoras, lamparinas de cerâmica, pranchas de calcário, refugo de mineração – qualquer coisa que mãos humanas tivessem deixado ali por acidente ou de propósito. Era como assistir, em tempo real, ao antigo porto ser substituído por uma estação moderna.

De um lado havia um esquadrão de objetos compridos envoltos em plástico branco e parecidos com pianos monstruosamente alongados que depois se revelaram escadas rolantes aguardando instalação. As embarcações naufragadas tampouco estavam à vista, escondidas em longas tendas de plástico branco, onde um sistema de irrigação as mantinha úmidas 24 horas por dia. A madeira que fica imersa no mar por séculos pode absorver oito vezes sua massa em água. Se secar, ela racha e empena a ponto de ficar irreconhecível.

«Este trabalho é como uma cirurgia: você não pode deixar o paciente desassistido», disse Ufuk Kocabaş quando visitamos as tendas. Ele liderava uma equipe desde 2007. Durante a maior parte da escavação, havia no sítio entre seiscentos e mil trabalhadores, além de cerca de oitenta arqueólogos e outros especialistas. Os navios de fato pareciam pacientes cirúrgicos, suas caixas torácicas escancaradas enquanto eram medidos, documentados e catalogados por estudantes de pós-graduação. A arqueologia, explicou Kocabaş, é uma ciência destrutiva. O sítio tem que ser minuciosamente registrado, porque a escavação depois o devastará. A equipe de Yenikapı usou um helicóptero elétrico, parecido com um drone, para fazer tomadas do alto, enquanto uma câmera motorizada tirava milhares de fotografias e as sequenciava em imagens de alta resolução. Os estudantes traçaram, em um acetato transparente e em tamanho real, o contorno de cada navio.

Dois tipos de embarcação foram encontrados em Yenikapı: navios de escolta, compridos e leves, e navios cargueiros, menores e mais pesados, cinco dos quais ainda estavam com a carga original. Um navio com base dupla e forrado de ladrilhos grossos pode ter sido usado para transportar mármore da ilha de Mármara. Kocabaş especula que as embarcações encontradas ainda com carga teriam afundado de repente, em tempestades ou inundações que impediram a tripulação ou os proprietários de reaver seus bens. Esses desastres também teriam selado os resquícios dos navios em uma camada de areia, o que os protegeu do ar e do *Teredo navalis*, espécie de molusco de água salgada que se alimenta da madeira de naufrágios.

Kocabaş estava particularmente animado com o navio conhecido como YK12,

recuperado com uma bela carga de ânforas e pertences do capitão: talheres, prato, um braseiro e uma cesta grande de caroços de cereja, sinal de que o navio afundara durante a relativamente curta época das cerejas – talvez em uma das tempestades de verão comuns na região de Mármara. A maioria dos navios com carga são dos séculos IX ao XI. Também havia fragmentos de cargueiros vazios espalhados ao longo do porto. É provável que tivessem afundado e sido esquecidos séculos antes.

Depois de feita a documentação *in loco*, os navios eram levados a um laboratório especialmente construído nas sinuosas ruas secundárias de Yenikapı. Em diversos reservatórios retangulares pretos, de até trinta metros de comprimento, peças de navios desmembrados reluziam como enguias. Nas proximidades, alguns trabalhadores dispunham cuidadosamente uma viga ensopada num suporte customizado de madeira, para que ela fosse transportada para outro lugar. (Embarcações antigas têm a textura macia e friável de um queijo feta, então não é possível simplesmente pegá-las e carregá-las.) Escura, ligeiramente empenada, a viga antiga reluzia ao sol. Vapor se desprendia da superfície, contribuindo para o leve cheiro de esterco que pairava no ar.

«É uma peça e tanto», disse Kocabaş. «É o que chamamos de sobrequilha, serve de conexão entre a popa e a quilha. O modo de encaixe é muito interessante – é

> **«Em tecnologia, assim como em outras áreas da vida, o progresso costuma surgir quase por acaso, não é imediatamente reconhecido e apenas com o tempo parece ter sido um passo intencional.»**

aqui que as peças se unem. Uma tecnologia maravilhosa.»

No laboratório, um doutorando examinava uma viga – do tamanho de um brontossauro – do navio YK27, uma das muitas embarcações construídas com técnicas de diferentes períodos históricos. Navios como o YK27 lançaram luz sobre uma transformação ocorrida na história da construção naval, a passagem do vagaroso método de construção com o fundo de prato (forro do fundo interior), privilegiado na Antiguidade, para o método mais eficiente de casco em esqueleto (forro do fundo exterior), que prevaleceu durante a Idade Média.

Acreditava-se que originalmente essa mudança tivesse ocorrido por volta do ano 1000 d.C. Os navios de Yenikapı sugerem que elementos essenciais das construções com o forro do fundo exterior já eram conhecidos no século VII – muito antes de a edificação com o forro do fundo interior ter sido abandonada. Em outras palavras, a melhor tecnologia só suplantou a anterior depois de séculos de experimentação, hibridização e variação regional. Em tecnologia, assim como em outras áreas da vida, o progresso costuma surgir quase por acaso, não é imediatamente reconhecido e apenas com o tempo parece ter sido um passo intencional.

*

Além dos navios, dezenas de milhares de objetos dignos de constar em um museu apareceram no porto: um Apolo de mármore do século IV, um entalhe de marfim da Virgem Maria, um colar de esmeraldas do século XIX que alguém perdeu. Viam-se belos navios em miniatura – exatamente como os naufragados, apenas menores e menos destruídos. Havia ainda um dispositivo que Kocabaş descreveu como um «tablet bizantino»: um caderno de madeira de dezoito centímetros com cinco páginas de cera removíveis nas quais se podiam fazer anotações e depois apagá-las. O «tablet» tinha um «app» na base: uma balança de precisão minúscula, embutida num compartimento corrediço.

Em Yenikapı, visitei o laboratório temporário onde todos esses objetos são processados pelo Museu Arqueológico de Istambul. Em um trailer, um grupo de restauradoras, todas mulheres, trabalhava em pequenos objetos de madeira. Encurvadas sobre caixas plásticas cheias de água, delas retiravam maravilhas gotejantes: colheres, bobinas e polias minúsculas, pentes. Havia uma sola de sandália infantil bizantina e muitas solas adultas, reluzentes e escuras, gastas apenas nos pontos onde os calçados se gastam. Em uma sola menorzinha estavam gravados pássaros e uma inscrição em grego: «Que a use com saúde, querida».

Em um galpão próximo, um filtro mecânico barulhento sorvia cerca de 2 mil sacas de terra bizantina e neolítica. Água jorrava e circulava pela máquina, empurrando a terra por um filtro.

« O que sai dali?», perguntei ao operário que manejava a máquina.

«Devem ser sementes», ele disse.

«O que mais além de sementes? »

«Até agora, nada mais que sementes.»

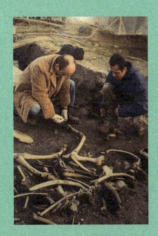

Fotografias publicadas em *Geçmişe Açılan Kapı: Yenikapı Batıkları* («Uma porta que se abre para o passado: os navios de Yenikapı»; Ege Yayınları, 2015), de Ufuk Kocabaş, mostram o trabalho arqueológico em andamento no bairro de Yenikapı, em Istambul. As escavações revelaram naufrágios bizantinos, vestígios de uma floresta de 8 mil anos, pegadas, sepulturas, esqueletos humanos em posição fetal e outros restos humanos em urnas, todos neolíticos.

CIDADE DOS GATOS

Acredita-se que Istambul, megalópole com 15 milhões de habitantes, seja o lar de 130 mil cachorros e 125 mil gatos de rua. Nas seis clínicas públicas destinadas a esses animais, as autoridades oferecem serviços básicos como abrigos, alimentação regular, castração e check-ups veterinários. Os gatos, em particular, parecem amar a cidade – enrodilhados em cadeiras ao ar livre ou em busca de peixe fresco entre os pés dos pescadores perfilados na ponte de Gálata –, e os moradores de Istambul amam os gatos; oferecem a eles tigelas de água, sobras do jantar, permitem que entrem no saguão dos prédios quando faz frio e os levam ao veterinário quando precisam. Dizem que os gatos chegaram a Bizâncio em navios egípcios e foram recebidos de braços abertos como caçadores de ratos – Istambul continua sendo uma cidade costeira sem sinal de ratos. A religião também ajuda, uma vez que os gatos são animais ritualmente puros no islã – muitos hadith falam sobre o amor de Maomé por felinos. O diretor de cinema turco Ceyda Torun chegou a dedicar aos felinos um documentário, *Kedi [Gatos]* (2016), que seguiu sete gatos pelas ruas da cidade, colhendo depoimentos das pessoas que gravitam ao redor eles. O @catsofIstanbul também é uma sensação nas mídias sociais, com dezenas de milhares de seguidores...

Ele me mostrou uma porção de sementes de 8 mil anos, separadas, etiquetadas e reservadas pelos arqueobotânicos.

A maior parte do espaço do laboratório era ocupada por milhares de caixas plásticas de mercado, empilhadas até o teto, nos fundos e nos corredores. O conteúdo delas se espalhava em mesas, nas quais alguns objetos tinham sido dispostos ordenadamente em fileiras: centenas de lamparinas, vasos e pratos de terracota e cerâmica, muitos com faces humanas ou de animais com grandes olhos bizantinos assustados. Os funcionários tinham que dar conta de quinze caixas por dia, limpando, registrando, catalogando e separando o conteúdo em três categorias: exibição, estudo e sem interesse. Os dois primeiros grupos seriam enviados para o museu; o terceiro seria ensacado e enterrado novamente. Moedas turcas contemporâneas também seriam inseridas dentro das sacas, para que arqueólogos futuros entendessem a mensagem de que o material fora descoberto e voltara a ser enterrado no século XXI.

Ao deixar o laboratório, passei por um aterro colossal de sacas, que eu antes supusera ser uma barricada de sacos de areia. Dentro delas, milhares de artefatos bizantinos sem interesse esperavam para voltar ao pó.

*

Na faculdade de veterinária da Universidade de Istambul, situada no campus de um subúrbio distante, para além do aeroporto, um pequeno centro de pesquisa dedica-se aos resquícios dos animais descobertos em Yenikapı. Vedat Onar, o arqueozoólogo responsável pelo laboratório, me conduziu em uma visita guiada. Entramos por um portão de ferro trancado com cadeado, passamos pela palavra «Osteoarqueologia» escrita com ossadas e por fim chegamos a um corredor estreito com trezentos crânios de cavalos bizantinos enfileirados do chão ao teto. Nenhum outro sítio arqueológico revelou tantos crânios equinos da época bizantina. Alguns esqueletos completos de cavalo também foram encontrados – vi a fotografia de um deles, no chão, em meio a conchas de mexilhões. Parecia uma constelação.

Cavalos bizantinos eram híbridos para que fossem mais altos e fortes, à moda romana. Eles começavam a suportar cargas pesadas já aos dois anos e eram controlados por bridões de ferro que lhes corroíam o palato superior, sendo usados diretamente no osso e por vezes abrindo um grande buraco que conectava a boca à cavidade nasal.

«Essa grande tensão na boca era passada para o corpo todo», explicou Onar. Embora a maioria dos cavalos encontrados tivesse menos de dez anos, eles já sofriam de doenças esqueléticas: «Problemas nos cascos, deformidades na coluna vertebral, espondilite, lesões terríveis na espinha; os animais não conseguiam se virar para a direita ou a esquerda». Quando não podiam mais trabalhar, eram sacrificados e esfolados. Depois que a pelagem, a crina e a carne haviam sido extraídas, os ossos eram jogados no porto. Os bizantinos, ao contrário dos romanos, comiam cavalos.

Escritos da época mencionavam nobres comendo ursos e burros, mas não se sabia se eram histórias verdadeiras. Em Yenikapı, encontraram-se ossos de burros e de ursos com marcas inegáveis de abate. Ossos de avestruz também foram achados, mas apenas as pernas. «É onde está toda a carne», explicou Onar, apontando para a própria perna. As pessoas podem ter comido as pernas dos avestruzes durante as jornadas marítimas que partiam do norte da África. Foram descobertos ossos de elefantes abatidos, supostamente do circo ou do hipódromo. Onar suspeita que, quando os elefantes se aposentavam, os frugais bizantinos os davam de comer aos leões.

Dos ossos de elefante, passamos aos crânios de ursos dançarinos. Os crânios dos filhotes apresentavam fraturas por compressão, frutos de golpes durante os treinamentos. Os crânios adultos traziam marcas nos focinhos, pois os animais tinham a boca amarrada. Os ursos dançarinos eram um entretenimento popular no Império Bizantino. O pai da imperatriz Teodora era treinador de ursos.

Chegamos a uma parede coberta de centenas de crânios de cachorros bizantinos. A predileção de Onar por cães ficou evidente na hora. Quando estudante, ele pesquisara as sepulturas caninas de Urartu, uma civilização da Idade do Ferro no Cáucaso – as pessoas eram enterradas em covas coletivas com um grande número de cães, para que todos pudessem passar a vida no além juntos. Os bizantinos, disse ele, tinham cachorros de rua, cães de guarda e de estimação (um sinal de status social). Quando mencionei que eu tinha um gato, ele me mostrou um pequeno número de crânios felinos e assegurou que os gatos eram mais bem tratados no Império Bizantino do que na Europa Ocidental. Delicadamente, como se me consolasse por alguma coisa, ele disse: «Posso lhe garantir que aqueles gatos não tiveram problemas causados por mãos humanas». Em geral, afirmou, é possível dizer muito sobre uma sociedade pelo tratamento que ela dispensa a seus animais. Perguntei a que conclusões ele havia chegado sobre os bizantinos. «Encontramos um cachorro com a pata quebrada, e ela estava calcificada», disse. «Ele recebeu tratamento. O cachorro não morreu em decorrência desse ferimento. Então até um cão inválido era alimentado.»

*

Acima, restos romanos no jardim do Museu Arqueológico de Istambul.

«Kemal entendeu que, se os muçulmanos turcófonos quisessem manter algum território no antigo Império Otomano, eles precisariam engendrar uma mitologia unificadora da turquidade.»

Em abril de 2013, Erdoğan estabeleceu uma comparação reveladora entre as descobertas em Yenikapı e um controverso shopping center que ele propunha construir no parque Gezi, perto da praça Taksim, em Istambul. O shopping center ficaria alojado na réplica de um quartel otomano destruído em 1940. Em uma coletiva de imprensa, um mês antes dos protestos que o plano Gezi provocou em todo o país, Erdoğan perguntou por que as descobertas bizantinas de Yenikapı mereciam ser mais preservadas do que o quartel otomano. «Três ou cinco cacarecos surgiram do fundo do mar, apareceu uma colher, e eles foram preservados», disse ele. «Mas o quartel, que poderia salvar a praça Taksim, é um prédio em perfeito estado, arquitetônica e esteticamente, e ele vocês não vão preservar. Se não se trata de ideologia, se trata do quê?»

Ele estava certo: arqueologia é ideologia, principalmente na Turquia moderna. Mustafa Kemal, que fundou a república em 1923, chegou a escrever um telegrama para seu primeiro-ministro: «Mais jovens deveriam estudar arqueologia». O Império Otomano – unidade política que em seu auge abarcou os Bálcãs e grande parte do Cáucaso, o Norte da África e o Oriente Médio – fora dissolvido havia pouco pelos Aliados, depois da catastrófica derrota na Primeira Guerra Mundial. Os Catorze Pontos de Woodrow Wilson garantindo os princípios de autonomia eram um dos muitos sinais de que os impérios multiétnicos, como o otomano e o austro-húngaro, estavam dando lugar a uma era de nações-Estado étnicas. Kemal entendeu que, se os muçulmanos turcófonos quisessem manter algum território no antigo Império Otomano, eles precisariam engendrar uma mitologia unificadora da turquidade, baseada nos ideais da Europa Ocidental de nacionalismo étnico, positivismo e secularismo. Ao adotar o sobrenome Atatürk (Pai dos turcos), ele logo se pôs a inventar uma nova identidade nacional. Como, claro, ela não podia *parecer* inventada, foi aí que entrou a arqueologia.

Em 1930, Atatürk nomeou um comitê para estabelecer uma base etno-histórica para o Estado turco na Anatólia. Em 1931, a Sociedade Histórica Turca publicou uma série de quatro volumes sobre a história da Turquia, propondo uma radical «Tese da História Turca». Tal tese sustentava que os turcos descendiam de um povo antigo que vivera nas cercanias de um mar interior na Ásia Central, onde, nada mais nada menos, iniciaram a civilização sozinhos. No fim da era do gelo, o mar secou, impelindo ondas de turcos para China, Índia, Mesopotâmia, Grécia e Itália, onde eles se misturaram às populações nativas e disseminaram seu conhecimento de trabalho com metal e de domesticação de animais. Em 5000 a.C. um grupo de turcos «autênticos» se instalou na Anatólia, sua segunda terra natal. Em um artigo recente, o historiador Clive Foss enumerou outros princípios pitorescos dessa teoria. Na Mesopotâmia, os «turcos sumérios» drenavam pântanos e desenvolveram uma linguagem escrita; os turcos

A grande escavação

25

Vidas paralelas

Mustafa Kemal Atatürk

Apelidos: Pai dos Turcos, *Pasha* (General), *Gazi* (Vitorioso), *Tek Adam* (O Único Homem).

Papel: Fundador da República da Turquia.

Nascido em: Salonica, Império Otomano, hoje Tessalônica, Grécia, em 1881, terceiro filho de uma família de classe média turcófona. O dia preciso de seu nascimento é incerto, mas a historiografia oficial estabelece a data de 19 de maio, coincidindo, portanto, com o primeiro dia da Guerra de Independência Turca (1919-23).

Educação: Frequentou escolas militares desde a infância e se formou com a patente de capitão. Preso por atividades antimonárquicas, foi designado para servir em Damasco. Em 1907, fundou a Pátria--Mãe e Liberdade, a primeira organização nacionalista secreta do Exército otomano. Em seguida se juntou ao movimento dos Jovens Turcos.

Carreira militar: Recebeu diversas honrarias por sua participação na Primeira Guerra Mundial, em particular na Batalha de Galípoli (1915-16). Após a derrota e a dissolução do império, ele liderou o Movimento Nacional Turco, estabelecendo um governo provisório em Ancara e derrotando as Forças Aliadas naquela que ficou conhecida como Guerra de Independência.

Cargos que ocupou: Entre 1920 e 1921, foi porta-voz da Grande Assembleia Nacional da Turquia em Ancara, bem como primeiro-ministro. Em 1923, fundou a República da Turquia. Eleito presidente da República três vezes (1927, 1931 e 1935), opunha-se à ideia de uma Presidência vitalícia. No entanto, impôs um regime unipartidário e, depois de frustrar um complô contra si, teve uma carreira política caracterizada por um forte autoritarismo.

Projeto político: Apoiador fervoroso do secularismo, aboliu o califado em 1924. Iniciou um programa de modernização que marcou uma ruptura com o Império Otomano. Transferiu a capital para Ancara, cidade símbolo da nova república, e introduziu o alfabeto latino. Promoveu a ocidentalização, incentivou a população a usar roupas e chapéus no estilo europeu e introduziu o calendário gregoriano. Nacionalizou diversos setores para reerguer a economia.

Vida pessoal: Casou-se com Latife Uşaki – que o acompanhava em suas viagens pelo país –, mas se divorciaram dois anos depois. Não teve filhos biológicos, no entanto adotou oito crianças, sete meninas. Uma delas foi a historiadora e socióloga Afet İnan – teórica e divulgadora da história kemalista –, a outra Sabiha Gökçen, a primeira mulher piloto de caça no mundo; em Istambul há hoje um aeroporto batizado com seu nome.

Esportes e tempo livre: Gostava de ouvir música clássica europeia, ler, dançar valsa e jogar gamão e bilhar. Nadava no Bósforo, adorava cavalos e tinha um cachorro. Passava muito tempo ao ar livre e em suas fazendas-modelo.

Drinque preferido: Bebia muito *rakı*; quando jovem, dava preferência à cerveja.

Número favorito: Seis, como os princípios que simbolizam o kemalismo: republicanismo, nacionalismo, populismo, estadismo, secularismo e reformismo.

Recep Tayyip Erdoğan

Apelidos: Reis (chefe), Baba (pai), Sultão.

Papel: Presidente da República desde 2014, líder político incontestável desde 2002, ano de sua primeira vitória nas eleições.

Nascido em: Istambul, no bairro operário de Kasımpaşa, em 26 de fevereiro de 1954, terceiro filho de uma família muçulmana praticante da cidade de Rize, no mar Negro.

Educação: Frequentou escolas religiosas e se formou em economia, embora a autenticidade de seu diploma seja controversa.

Carreira política: No ensino médio militou na União Nacional dos Estudantes e aos 22 anos tornou-se presidente de uma seção jovem do Partido de Salvação Nacional (MSP), o partido islamita liderado por Necmettin Erbakan. Nos anos 1980 seguiu Erbakan para sua nova organização islamita, o Partido do Bem-Estar (RP), no qual se tornou figura proeminente.

Cargos que ocupou: Em 1994, foi eleito prefeito de Istambul, primeira vitória de um partido islamita na Turquia. Em 1998, foi condenado a dez meses de prisão e banido da política por cinco anos por incitação ao ódio e à violência. Em 2001, fundou o Partido da Justiça e do Desenvolvimento (AKP) com Abdullah Gül. Tornou-se primeiro-ministro em 2003 e foi reeleito em 2007 e 2011. Em 2014, foi eleito presidente da República nas primeiras eleições presidenciais diretas do país. Depois de um referendo constitucional, reelegeu-se em 2018.

Projeto político: Profundamente inspirado em valores religiosos conservadores, ele promove regulações que favoreçam a visibilidade de símbolos religiosos, assim como um espaço maior para o islã no sistema educacional. É defensor da reintrodução da língua otomana no ensino médio e promove o passado imperial do país. Na economia, busca políticas de livre mercado, entre elas privatizações e forte apoio ao setor privado, assim como investimento estrangeiro.

Vida pessoal: Casado com Emine Gülbaran, também atuante na associação política islamita, tem quatro filhos, todo eles empresários, com vários papéis em organizações pró-governamentais dedicadas a questões da juventude, parcerias e apoio a mulheres e famílias. Todos estavam envolvidos no esquema de corrupção que estourou em 2013.

Esportes e tempo livre: Ex-jogador de futebol semiprofissional, ele já promoveu a construção de instalações esportivas e tem laços com o İstanbul Başakşehir FK, hoje de propriedade do ministro da Juventude e dos Esportes. É fã da música clássica turca e não é avesso a música pop.

Bebida favorita: Gosta de suco de cenoura e insiste que o *ayran* – feito com água, iogurte e sal – é a verdadeira e única bebida nacional.

Número favorito: Quatro, com frequência exibido com um gesto de mão em comícios; são os quatro pilares de seu projeto político: um povo, uma nação, uma pátria-mãe, uma bandeira.

trácios fundaram Troia; os turcos lídios migraram para a Itália, tornaram-se etruscos e meio que fundaram Roma. Os minoicos de Creta, por terem vindo da Anatólia, eram basicamente turcos. Buda era turco, assim como Maximino, o imperador romano do século III.

Essa teoria resolvia vários problemas. Punha por terra a imagem dos turcos divulgada pelos Aliados, como um povo que resistia à civilização e ocupava terras de outros povos. («Nenhuma outra raça trouxe tantas devastações e massacres, tamanhos transtornos duradouros na vida de outras nações», afirmava uma publicação da inteligência naval britânica da época.) Ao enfatizar um passado pré-islâmico, a teoria mantinha a identidade nacional separada tanto do Império Otomano, em desgraça, quanto do califado muçulmano. Ao conceber os turcos como ancestrais da civilização ocidental, ela permitia que a nação se modernizasse sem ser humilhada: «ocidentalizar-se» era simplesmente redescobrir um patrimônio perdido. E mais, talvez o mais importante: ao postular uma relação genética entre os turcos modernos e os anatólios pré-históricos, ela protegia a nova república de reivindicações territoriais de gregos, italianos, armênios e curdos.

Pela lógica da Tese da História Turca, todas as civilizações anatólias pré-históricas de origem desconhecida estavam fadadas a ser turcas. Descobrir suas relíquias se tornou uma questão de importância nacional, e a ênfase da arqueologia passou das ruínas clássicas e helênicas da região do mar Egeu para os sítios neolíticos, hititas, frígios e da Idade do Ferro da Anatólia Central. Algumas escavações foram feitas por arqueólogos alemães que tinham fugido do Terceiro Reich, e que Atatürk convidara para integrar universidades turcas. Imensas tumbas hititas foram escavadas. A capital tinha mudado

VIVA O GENERAL MUSTAFA KEMAL

Todo ano, às 9h05 do dia 10 de novembro, a Turquia para. Os transeuntes deixam de circular, os carros permanecem estacionados, as sirenes tocam e o país todo observa dois minutos de silêncio. Naquele dia e naquela hora, Mustafa Kemal Atatürk, fundador da Turquia moderna, morria de cirrose hepática. Todo ano, o presidente da República visita seu mausoléu em Ancara e as bandas tocam «A marcha de Izmir», composta em sua homenagem após os triunfos da Guerra da Independência: o público participa, cantando o refrão «viva o general Mustafa Kemal». O pai dos turcos é comemorado de mil outras maneiras. Suas fotos adornam as paredes não só de todos os edifícios públicos, mas também de restaurantes, escritórios, barbearias e lojas. Bandeiras enormes com sua expressão severa são hasteadas durante os feriados nacionais. Nos estádios, nas camisetas e nos santinhos em táxis, o semblante se suaviza. A sua assinatura é igualmente onipresente, emoldurada nas paredes das cozinhas, fixada nos para-brisas dos carros, ou em memes por meio dos quais suas frases mais famosas se espalham, como o lema do país: Ne mutlu Türküm diyene, «Bem-aventurado aquele que pode dizer 'sou turco'».

de Istambul, adorada pelos otomanos, para Ancara, no meio da estepe anatólia – de onde era possível ir de carro para a capital hitita de Hattusha. Os novos bancos estatais eram chamados de Sümerbank (bancos sumérios) e Etibank (bancos hititas). Artefatos de toda a Ásia Menor foram enviados para o Museu de Civilizações Anatólias em Ancara – na minha infância, passei muitas horas naquele lugar observando cervos de cerâmica sem olhos e veados de bronze emaciados, desenvolvendo um amor pelos hititas que não era de todo desvinculado dos bolinhos produzidos pela fábrica de doces Eti (hitita).

Erdoğan, talvez o mais carismático líder turco desde Atatürk, subiu ao poder ao apelar especificamente para aqueles que a narrativa kemalista excluía ou parecia excluir: a devota e emergente classe média muçulmana, os muçulmanos da classe trabalhadora e os curdos. Com essa estratégia, ele teve que se distanciar do kemalismo sem dar na vista. (Pela lei turca, insultar Atatürk ainda é passível de punição.) Enquanto Atatürk se envergonhava dos otomanos, Erdoğan os defendia. Enquanto Atatürk expandiu o museu anatólio de Ancara, Erdoğan inaugurou em Istambul o Museu Histórico Panorama 1453, que exibe pinturas em 360 graus da conquista otomana de Constantinopla. Na cerimônia de inauguração da estação Marmaray, em Yenikapı, Erdoğan citou Maomé II, o Conquistador, em turco otomano, uma língua drasticamente modernizada na época de Atatürk. Ele descreveu o túnel como a realização de um «sonho de 150 anos», referindo-se aos primeiros planos de um túnel no Bósforo, esboçados em 1860, na época do sultão Abdülmecid I. (O projeto, do engenheiro francês Simon Préault, propunha um túnel submerso e flutuante.)

Erdoğan não tem o menor interesse por arqueologia – não é onde ele busca legitimidade. Se um dia ele cavar um buraco no chão, vai ser para explorar recursos naturais ou para reduzir o tráfego nas cidades, não para descobrir «cacarecos», os quais, portanto, se tornam objetos de disputa política. Em 2010, um advogado associado ao partido kemalista, o CHP – rival do partido de Erdoğan, o AKP –, abriu uma investigação sobre as sacas de material arqueológico que estavam sendo enterradas em Yenikapı, apresentando, no fim, uma denúncia criminal que declarava ilícito o novo enterro. (Mais tarde o Museu Arqueológico confirmou haver enterrado sacas com materiais sem interesse científico, e o caso foi deixado de lado.) Essa petição não alcançou nenhum sentido prático, mas teve certa lógica simbólica: se o governo tentava manter algumas coisas enterradas, dissidentes queriam trazê-las à tona.

*

Em uma rua secundária perto de Karaköy, atrás de uma mesquita do século XVI sob a ponte Atatürk, colada a uma muralha genovesa, fica um dos escritórios da construtora Yüksel, a sede de supervisão do metrô de Istambul. Foi lá que me encontrei com Esat Tansev, diretor de projeto responsável pela extensão da linha metroviária Yenikapı-Taksim, sítio onde foi descoberto o maior número de navios. O escritório de Tansev era amplo e bem iluminado, mas o ar estava denso – com a luz do sol, a fumaça de cigarro, o barulho do ar-condicionado e o gorjear incessante de um canário chamado Coşkun (que significa «entusiasmado, transbordante, vivaz»). Tansev começou a trabalhar no projeto em novembro de 1998, quando por 150 milhões de dólares a Yüksel e três outras empresas turcas fecharam o contrato. A construção deveria durar dois anos e meio. Durou quinze. Uma das empresas ficou sem dinheiro e desistiu.

Tansev me contou que, pelos mapas bizantinos, sabia-se que existira um porto

A grande escavação

em Yenikapı e que descobertas arqueológicas eram esperadas – não no túnel, que se estende por duzentos metros debaixo da terra, mas nas estações. «Mais cedo ou mais tarde, um túnel seria projetado», ele disse. «É quando ele vem à tona que ocorrem encontros históricos.»

Quando perguntei a Tansev o que ele havia aprendido em quase duas décadas de escavações, ele disse que o que mais o impressionou foi como uma descoberta bizantina e uma romana provocavam reações tão diferentes. Qualquer uma atrapalharia o projeto, mas os artefatos bizantinos podiam, afinal, ser removidos. «Em coisas romanas não se pode tocar», ele disse. «Com os bizantinos, você consegue dar um jeito. Mas quando se trata de Roma... meus pêsames.»

Ele continuou: «No começo, todos nós sentimos certa antipatia pelo professor Ufuk e pelo Museu Arqueológico, e o sentimento era recíproco. Mas depois de alguns meses vimos que isso não ajudava em nada. Agora todo mundo é amigo». Tansev também experimentou uma afeição corporativista por seus ancestrais bizantinos, que enfrentaram os mesmos problemas que os engenheiros de hoje, mas com bem menos recursos técnicos. Ele havia se perguntado como eles haviam conseguido fixar um píer no solo sem concreto armado, e ficou encantado ao saber que seus colegas produziam argamassa a partir de cal.

Tansev sentiu alívio quando a escavação chegou ao leito marinho, e só ficou um pouco incomodado quando os arqueólogos requisitaram uma escavação de amostra de mais cinco metros quadrados: o que eles poderiam encontrar sob o leito marinho? Quando lhe telefonaram quinze dias depois para dizer que haviam encontrado vestígios neolíticos, Tansev achou que estivessem brincando. «Quais eram as chances?», ele se admirou. «Em uma área de 100 mil metros quadrados, você escava 25 metros quadrados e encontra alguma coisa! Nunca se viu isso! Bem, então eles me explicaram. Sob o leito marinho, há uma argila escura, dura e oleosa. Além dela, existe alcatrão. E debaixo dele encontraram uma espécie de terriço cultivado. Havia sementes plantadas nele.»

A escavação continuou. «Eles expandiram a área, e dessa vez encontraram sepulturas, encontraram aquelas pegadas, encontraram um jarro», disse Tansev. «Encontraram plantas e insetos, encontraram todo tipo de coisa. Eles cavavam e encontravam, cavavam e encontravam. E assim três anos se passaram.»

Tansev lembrou que a princípio as pegadas neolíticas não pareciam com nada. «Quem quer que as tenha descoberto merece louros», disse. «Claro, agora, quando você vai ao museu, elas são pegadas, é cristalino como água. Eu me dizia: 'Cinco mil pés caminharam por aqui, talvez 20 mil – precisamos coletar tudo isso?'.»

Ele me mostrou uma fotografia tirada em agosto de 2006: um grupo de umas quarenta pessoas, entre engenheiros, funcionários, arquitetos e estudantes, com os mais variados trajes, uns de terno, outros de capacete de segurança, acenavam contentes para a câmera no túnel da estação de metrô Şişhane. Nenhum deles sabia sobre as pegadas de 8 mil anos imaculadamente preservadas que lhes causariam tantos problemas.

À direita: Outdoor iluminado na entrada da estação Sirkeci do Marmaray exibe um trem em seu trajeto sob o Bósforo e uma fotografia do presidente Erdoğan, com a legenda: «O sonho se tornou realidade. O Marmaray tem cinco anos de idade».

Não consegui encontrar Tansev na foto. Quando ele apontou para si mesmo em meio ao grupo, senti um choque. Como era jovem.

*

Fui visitar Tansev acompanhada de minha amiga Sibel Horada, artista conceitual focada no desenvolvimento urbano e no legado histórico da Istambul não turca. Nós nos conhecemos em 2012, quando a fábrica de pão ázimo da cidade estava sendo transformada em espaço artístico. (Os líderes da comunidade judaica descobriram que era mais barato importar pão ázimo de Israel.) Para a exposição de abertura, Sibel passou quadrados de papel branco espesso nas máquinas da fábrica, de modo que eles saíram delas marcados como o pão ázimo. Ela chamou os papéis de «ázimo fantasma».

Fazia anos que Sibel era fascinada por Yenikapı – sobretudo pelas montanhas de caixas plásticas e pelo destino de seu conteúdo. Tansev parecia genuinamente perplexo com a determinação dela de saber o número exato de caixas removidas do sítio.

«A essência de todo o seu trabalho está naquelas caixas», Sibel lhe disse. «Não se trata de alguns poucos navios limpos no museu. O que interessa está naquelas caixas.» Para ela, a descoberta mais marcante de Yenikapı era precisamente «o refugo». «Quando um artefato é encontrado», ela diz, «ele nos ensina alguma coisa. Quando milhares de artefatos são encontrados, é outra história. A certa altura, você já tem o conhecimento, e o restante é refugo.» Não é preciso ser artista conceitual para entender o refugo como uma metáfora irresistível para certas questões históricas de Istambul: uma vez que você começa a escavar, tantas coisas vêm à tona que não há onde colocá-las e, no fim, é preciso enterrá-las de novo.

Tansev pareceu se sensibilizar. Deu alguns telefonemas e anotou um número num pedaço de papel: 83.562 – o número de caixas que seus funcionários tinham removido do sítio.

Sibel me apresentou a seu amigo Hayri Fehmi Yılmaz, um historiador da arte que trabalhava como consultor na construção do metrô. Da mesma forma que Tansev, suas

A grande escavação

Acima: Boğaziçi Köprüsü (Ponte sobre o Bósforo), conhecida como 15 Temmuz Şehitler Köprüsü (Ponte dos Mártires de 15 de Julho) desde o golpe de 2016; ela liga Ortaköy, no lado europeu, a Beylerbeyi, no lado asiático.

lembranças mais vívidas tinham a ver com a fase neolítica, período em que os primeiros caçadores-coletores começaram a viver em assentamentos e a praticar agricultura. Em um processo iniciado no Crescente Fértil por volta de 10.000 a.C., e que lentamente se deslocou a oeste rumo à Europa, a condição humana passou por mudanças que até hoje mal conseguimos imaginar – em todos os aspectos, da organização social à fisiologia. Cada sítio novo pode abrigar mais uma pista sobre o que aconteceu.

Inicialmente, os funcionários propuseram que a camada neolítica fosse despejada, em sua totalidade, em determinado lugar, de modo que os arqueólogos pudessem analisá-la – como no passado era um pântano, alegavam, tudo já devia estar misturado. Os arqueólogos se opuseram: não era o caso, era necessária uma escavação manual. Um funcionário mais experiente foi a Yenikapı e disse que tudo o que ele tinha visto ali era lama, então por que não escavar com uma pá carregadeira? Bem nesse momento os arqueólogos descobriram vestígios de uma floresta de 8 mil anos – cerca de sessenta árvores com raízes espalhadas – e de sepulturas, com esqueletos humanos em posição fetal entre tapumes de madeira, e outros restos mortais humanos em urnas. Eles descobriram três técnicas de sepultamento diferentes do mesmo período histórico.

Quando viram as sepulturas, os funcionários recuaram e a escavação se deu manualmente. Foi então que os arqueólogos encontraram a cabana, os vasos, as ferramentas e as pegadas. Algumas eram de pés descalços, outras de tamancos com sola de madeira. «Rimos ao ver os tamancos», disse Hayri. «Eram os mesmos que ainda usamos nos banhos e nas mesquitas.»

«Se quinze casas forem construídas umas sobre as outras, qual delas seria a mais importante? Que vozes devem ser ouvidas, as dos mortos ou as dos vivos?»

Hayri falou sobre as regras das escavações e sobre as dificuldades de conseguir um alvará de construção na cidade velha. Ele mesmo não pôde ampliar o porão de casa; como morava num bairro histórico, o projeto de melhoria residencial relativamente pequeno poderia cair sob a jurisdição do Museu Arqueológico de Istambul. Ele fez isso parecer algo saído de um livro de Kafka. «Os arqueólogos teriam que fazer uma escavação na minha casa», disse. «Quem sabe quanto tempo isso levaria?»

«Você não tem curiosidade de saber o que há lá embaixo?», perguntei.

«Não», ele respondeu de pronto. Em Istambul, os proprietários costumavam ter mais curiosidade sobre as descobertas arqueológicas na casa do vizinho do que na sua própria.

*

Dois anos depois de testemunhar a «exumação» dos navios, voltei à Universidade de Istambul para ver como eles estavam sendo conservados. Kocabaş me mostrou dois blocos de madeira bizantina que já tinham sido idênticos: um secara ao sol e o outro fora preservado por meio do processo de congelamento-secagem usado nos navios. A madeira secada ao sol tinha encolhido e virado uma tira parecida com um pedaço de charque, retorcida e enegrecida. A congelada e seca era um bloco areado e leve, cor de osso, que retomara sua forma e tamanho originais.

Antes do congelamento-secagem, cada pedaço de madeira deve ser saturado em uma solução de 45% de polietilenoglicol, um composto ceroso que substitui a água no interior das paredes celulares, prevenindo que encolham ou empenem. Como a madeira encharcada é delicada demais para ser mergulhada diretamente em uma solução de 45%, a concentração precisa ser elevada em 5% mensal ou bimensalmente. Pode demorar anos para que todas as partes do navio cheguem à concentração máxima. Durante o congelamento-secagem de fato, que dura de um a quatro meses, a água remanescente na madeira congela, tornando-se sólida, e depois, sob pressão muito baixa, sublima-se – transforma-se num gás.

Olhei pela janela redonda da máquina de congelamento-secagem do laboratório. Na escuridão lá dentro, distribuídos em seis prateleiras, pedaços do navio bizantino entravam em uma nova fase de existência. Ali perto, em tanques de quarenta toneladas, outras peças «marinavam» na solução. O nível estava em 35%; Kocabaş esperava alcançar a intensidade total até o fim do ano. Ele parecia mais cansado do que dois anos antes. Falou que sentia falta do mar e que seu filho havia acabado de fazer catorze anos; ele tinha quatro quando os navios foram descobertos.

Fui até a estação Marmaray. As caixas tinham sumido. O prédio parecia desmaiado, sem vida. A maior parte da assombrosa estrutura de concreto que eu tinha visto estava debaixo da terra.

A grande escavação

Embora o museu do naufrágio e o parque arqueológico ainda não estejam materializados, agora existe um «espaço de encontros» de 263 metros quadrados ao longo da estação. Construída num aterro, a protuberância de concreto logo se tornou conhecida nas mídias sociais como «o tumor» e tem sido usada quase exclusivamente para reuniões pró-AKP. O AKP organizou seu primeiro comício no local antes de Erdoğan concorrer à Presidência, em 2014, depois de esgotado seu limite de mandatos como primeiro-ministro. Segundo os jornais, estima-se que o comparecimento do público variou de centenas de milhares a mais de 1 milhão de pessoas. Erdoğan, por sua vez, disse que havia mais de 2 milhões de pessoas.

Em 2015, uma semana antes das eleições gerais de junho, ocorreu em Yenikapı um comício do AKP para marcar o 562º aniversário da conquista otomana de Constantinopla. Na presença de 562 militares com trajes históricos otomanos, Erdoğan leu um trecho de um capítulo do Corão conhecido como o sura al-Fath, ou da conquista, e se referiu à eleição iminente como uma futura «conquista» que restabeleceria o triunfo de Maomé II, o Conquistador.

Na semana seguinte, o AKP, pela primeira vez em treze anos, perdeu a maioria absoluta no Parlamento, e um novo partido, o HDP – produto direto dos movimentos pró-curdos e esquerdistas que ganharam força depois dos protestos de Gezi –, ganhou assentos ao ultrapassar o limite de 10% exigido. Liderado

SETE ELEIÇÕES EM SEIS ANOS

Entre 2014 e 2019, os turcos foram chamados às urnas um número surpreendente de vezes devido à gradual inclinação do país para o autoritarismo. Começou em março de 2014 com as eleições locais e um escândalo de corrupção que forçou a renúncia de diversos ministros do governo Erdoğan, mas o AKP ainda obteve uma vitória clara sobre a oposição kemalista, o CHP. Depois, em agosto, ocorreram eleições diretas para a Presidência, as primeiras da história da Turquia: Erdoğan ganhou no primeiro turno, mas o candidato pró-curdo do HDP, Selahattin Demirtaş, também se saiu bem. Em junho de 2015, na eleição geral, o AKP perdeu a maioria, em parte devido ao HDP, que ganhou assentos ao ultrapassar os 10% de votos do limite eleitoral, em parte ao sucesso do nacionalista MHP, de direita. Como presidente, Erdoğan barrou a formação de um governo de coalizão, forçando novas eleições e suspendendo o

processo de paz com os separatistas curdos, na tentativa de recuperar votos nacionalistas. Sua tática funcionou: o AKP obteve uma vitória esmagadora. Depois, em 2016, houve ataques terroristas e um golpe de Estado fracassado, mas não eleições. Demirtaş foi preso por supostamente envolver-se com propaganda para o PKK. Em abril de 2017, foi a vez de o referendo constitucional mudar o sistema de parlamentar para presidencial. A ala do «sim» venceu, apoiada pelo presidente e pelo MHP, com o qual o AKP formou uma aliança para novas eleições presidenciais, antecipadas para junho de 2018. Erdoğan venceu mais uma vez, enquanto Demirtaş, em sua cela, conquistou 8% dos votos. Quando tudo parecia resolvido, vieram as eleições locais de 2019: os partidos de oposição formaram uma aliança e, com apoio externo do HDP, passaram a controlar Istambul, Ancara e outras cidades importantes.

por um advogado curdo ligado a causas de direitos humanos, o partido buscou ativamente candidatos LGBTQ e candidatas mulheres. Seu slogan, «Grande humanidade», é tirado de um poema de Nâzım Hikmet, que muitos consideram o maior poeta turco do século xx. «Grande humanidade» não é a melhor obra de Hikmet, mas tem uma força inegável em prol da tolerância e no detalhe concreto, e no modo como cada frase acaba tropeçando inesperadamente em si mesma:

A grande humanidade é
o passageiro de convés no navio
de terceira classe no trem
a pé na rodovia
a grande humanidade.

Na escada rolante de Yenikapı, a grande humanidade tinha uma expressão cansada e de tempos em tempos espiava o celular. Ela pisava no seu pé, a grande humanidade. Nós descemos até uma rotunda cavernosa com uma claraboia e colunas. Bem no alto, acima das catracas, um afresco exibia duas solas de sapatos bizantinos estilizados, que pareciam pontos de exclamação.

Eu me peguei lembrando da irritação de Erdoğan: «Essas coisas aí são mesmo mais importantes do que os seres humanos?». Também lembrei de Kocabaş ter me contado que de todas as descobertas de Yenikapı a que mais o comovera haviam sido as pegadas neolíticas, porque elas «evocam diretamente o homem», elas nos dizem alguma coisa que nenhum outro objeto, nem mesmo os navios naufragados, é capaz de dizer. «Elas representam o humano sem mediação», ele disse. Na Idade da Pedra, muito menos coisas faziam a mediação entre os humanos e o mundo. Não havia nações, não havia terceira classe.

Poucos conseguem um lugar para sentar no Marmaray: cada vagão comporta cinco passageiros sentados e cinco em pé. Fiquei em pé, e em pé cruzei o Bósforo, como um homem do neolítico. Fui à Ásia e voltei. Desci na primeira parada europeia: a estação Sirkeci, o antigo terminal do Expresso do Oriente, onde a plataforma do Marmaray se conecta à superfície por uma escada rolante de vinte andares – a mais longa da Turquia. Perguntas estranhas podem passar pela sua cabeça enquanto você sobe essa escada. Se quinze casas forem construídas umas sobre as outras, qual delas seria a mais importante? Que vozes devem ser ouvidas, as dos mortos ou as dos vivos? Como podemos todos conviver neste mundo, e como chegaremos até onde estamos indo? 🐦

Não chame de novelas

Séries de tevê turcas como *O século magnífico* competem em popularidade internacional com programas norte-
-americanos, conquistando Oriente Médio, Ásia e América Latina. Qual é a razão desse sucesso?

FATIMA BHUTTO

À esquerda e nas páginas 41 e 48:
Figurantes da *dizi Payitaht Abdülhamid*
(O último imperador) no set em İzmit.
A série conta a história do sultão Abdul
Hamid II, que esteve no poder durante o
declínio do Império Otomano, de 1876
ao levante militar de 1909 liderado pelos
Jovens Turcos.

«**A**ntes de mais nada, vamos combinar uma coisa: não as chame de novelas», me repreende Arzu Öztürkmen, professora de história oral na Universidade Boğaziçi em Istambul. «Somos absolutamente contra o emprego desse termo.» As séries de TV que a Turquia produz não são novelas do tipo norte-americano nem telenovelas de pegada latina, tampouco dramas de época: são *dizi*. Trata-se de um «gênero em desenvolvimento», diz Öztürkmen, com tramas, uso do espaço e trilhas sonoras característicos. E elas são muito, muito populares.

Graças às vendas internacionais e a telespectadores no mundo todo, a Turquia fica atrás apenas dos Estados Unidos em distribuição televisiva global, com enormes audiências na Rússia, China, Coreia e América Latina. Hoje o Chile é o maior consumidor de *dizi* em número de programas vendidos, enquanto o México e em seguida a Argentina são os que mais pagam por eles.

Dizi são épicos longos – cada episódio costuma durar duas horas ou mais. O espaço publicitário é barato na Turquia, e as regras da radiodifusão estatal exigem que a cada vinte minutos de conteúdo haja uma interrupção de sete minutos para comerciais. Cada *dizi* conta com uma trilha sonora própria, original, e pode ter até cinquenta personagens importantes.

As séries costumam ser gravadas em locações situadas no coração da Istambul histórica – gravações em estúdios, apenas quando é imprescindível.

As tramas abordam os mais variados temas, de estupro coletivo a rainhas otomanas conspiradoras – são puro «Dickens e irmãs Brontë», me diz Eset, jovem roteirista e cineasta de Istambul. «Apresentamos pelo menos duas versões da história de Cinderela por ano na TV turca. Às vezes a Cinderela é uma mulher solteira de 35 anos com um filho, às vezes é uma atriz faminta de 22.» Eset, que trabalhou naquela que talvez seja a mais famosa *dizi*, *O século magnífico*, faz uma lista das regras e temáticas a que os programas em geral se mantêm fiéis:

• O herói jamais empunha uma arma.
• O centro de qualquer drama é a família.
• Um forasteiro sempre se aventura em um cenário socioeconômico que é o extremo oposto do seu. Por exemplo: ele se muda de um vilarejo para uma cidade.
• O destruidor de corações já teve o coração partido e está tragicamente fechado para o amor.
• Não há nada melhor que um triângulo amoroso.

As *dizi* são construídas, Eset insiste, no altar do «desejos populares», tanto da audiência como das personagens. «Queremos

---

FATIMA BHUTTO é uma escritora paquistanesa nascida em Cabul, mas que cresceu entre a Síria e o Paquistão. É autora de sete obras de ficção e não ficção, entre elas *Canções de sangue e espada: memórias de uma filha* (2010), sobre a vida e o assassinato de seu pai, Murtaza Bhutto, político paquistanês filho do ex-presidente e primeiro-ministro Zulfikar Ali Bhutto. A versão para o francês de seu romance de estreia, *A sombra da lua crescente* (2013), venceu o Prix de la Romancière; seu trabalho mais recente de ficção é *Os fugitivos* (2019). Nenhum de seus livros foi publicado no Brasil. Ela assinou uma coluna regular no *Jang*, principal jornal em urdu do Paquistão, e seus artigos já foram publicados em veículos como *New Statesman*, *The Daily Beast*, *The Guardian* e *The Caravan*. *Novos reis do mundo: de Bollywood e dizi a k-pop*, livro do qual este artigo foi retirado, foi publicado pela Columbia Global Reports em 2019.

> «O sucesso internacional dessas *dizi* é mais uma demonstração de como as novas formas de cultura de massa do Oriente – de Bollywood ao k-pop – estão desafiando o domínio da cultura pop norte-americana no século XXI.»

ver o mocinho com a mocinha, mas, poxa, a vida é ruim e há personagens malvadas rondando.»

De acordo com İzzet Pinto, fundador da Global Agency, com sede em Istambul e que se apresenta como «a maior distribuidora independente do mundo de conteúdo televisivo para mercados globais», a trajetória ascendente das *dizi* até sua supremacia começou em 2006, com *Mil e uma noites*. Embora, na época, outra série turca, *Gümüş* (Prata), já tivesse causado sensação no Oriente Médio, *Mil e uma noites* foi o primeiro sucesso global. Onde quer que passasse – foi vendida para quase oitenta países –, a audiência alcançava picos altíssimos.

A série era estrelada por um príncipe encantado turco de olhos azuis, Halit Ergenç, que depois seria o protagonista de *O século magnífico* [no Brasil, também foi ao ar com o título *O grande sultão*]. Baseada na vida de Suleyman, o Magnífico, o décimo sultão otomano, é a história de amor entre o sultão e uma concubina, Hürrem – na Europa, Roxelana –, com quem se casa, quebrando uma forte tradição. Acredita-se que a heroína, uma figura histórica totalmente desconhecida, tenha sido uma cristã ortodoxa proveniente da atual Ucrânia.

Quando estreou na Turquia em 2011, *O século magnífico* arrebatou um terço da audiência televisiva do país. A imprensa estrangeira a definiu como uma «*Sex and the City* da era otomana» e a comparou a um *Game of Thrones* da vida real. O programa contava com diversos consultores históricos e uma equipe de produção

de 130 pessoas, das quais 25 trabalhavam exclusivamente nos figurinos.

A série se popularizou tanto no Oriente Médio que o turismo árabe para Istambul disparou. O ministro de Cultura e Turismo chegou a suspender os impostos de radiodifusão de alguns países árabes. A Global Agency estima que, mesmo sem contar a América Latina, seus compradores mais recentes, a série teve uma audiência de mais de 500 milhões de pessoas no mundo todo. Foi a primeira *dizi* comprada pelo Japão. Desde 2002, cerca de 150 *dizi* foram comercializadas para mais de cem países, entre eles Argélia, Marrocos e Bulgária, e coube a *O século magnífico* abrir caminho para todas elas.

O sucesso internacional dessas *dizi* é mais uma demonstração de como as novas formas de cultura de massa do Oriente – de Bollywood ao k-pop – estão desafiando o domínio da cultura pop norte-americana no século XXI. Ergenç sente que esse êxito se deve em parte ao fato de a TV norte-americana entreter mas não comover. «Não falam dos sentimentos que nos fazem humanos», me disse ele, com uma xícara de café gelado na mão, quando nos encontramos em Istambul. O olhar turco já se voltou intensamente para o Ocidente, estudando seus filmes e sua TV em busca de pistas sobre como se comportar em um mundo moderno e acelerado, mas hoje os programas norte-americanos já não são bons mestres.

«Eu estava pensando numa série de TV norte-americana – não vou dizer o nome. A filosofia da série era a solidão. Ter,

Não chame de novelas

39

hum...», ele busca uma palavra polida, «diversos parceiros ao mesmo tempo e buscar a felicidade. E todo mundo que assistia vibrava.» Só posso imaginar que Ergenç esteja se referindo a *Sex and the City*, mas ele não confirma. «Isso é cansativo, não? Viver sozinho, ficar mudando de parceiros, buscar a felicidade e sempre fracassar. Mas, como se passava num mundo luxuoso, então as pessoas estavam muito interessadas. As personagens gastavam, gastavam – gastavam seu tempo, gastavam seu amor, gastavam tudo.»

As *dizi* que estouraram globalmente contavam histórias que contrapunham valores e princípios tradicionais à corrupção emocional e espiritual do mundo moderno. *Fatmagül – A força do amor* é a história da jovem Fatmagül, que, submetida a um estupro coletivo, luta por justiça. A série causou sensação na Argentina, e na Espanha, transmitida no horário nobre, atraiu quase 1 milhão de telespectadores por episódio. Em breve ganhará um remake espanhol adaptado para um formato diário de trinta minutos, a ser exibido à tarde. *Fatmagül* aborda o o papel social da mulher, sujeita a uma miríade de problemas, de um casamento forçado a relações familiares tensas e ao poder sufocante dos ricos. Mas Fatmagül persevera. Ela se instrui e supera todas as dificuldades ao lutar por justiça e obtê-la em todas as frentes: justiça civil, nos tribunais nacionais; justiça divina, com a punição de seus estupradores; e, claro, a justiça do amor verdadeiro.

Embora as *dizi* já tenham tratado de abuso, estupro e crimes de honra, de modo geral os homens turcos são retratados como mais românticos do que Romeu. «As *dizi* mostram o que as pessoas querem ver», diz Pinar Çelikel, editora de moda de uma revista. «Não é real.» Mesmo assim, Eset argumentou que a abordagem das questões femininas em *Fatmagül* foi inovadora.

Antes, os agentes de transformação e os heróis das histórias das *dizi* eram sempre homens, mas «Fatmagül não aceitou o papel de mulher subjugada e quase invisível».

A série se revelou tão influente e persuasiva que em 2012 Eset foi contratado por um «*think tank* republicano norte-americano» para escrever uma *dizi* que contasse a «bela história americana» de uma mulher no Oriente Médio que buscava estabelecer mudanças positivas, «uma mulher que abrandasse a imagem da América». Eset se recusa a dizer o nome do *think tank* que o contratou, apenas insinua que um ex-subsecretário da administração Bush estava envolvido. «Eu escrevi», diz Eset, dando de ombros, enquanto enrola um cigarro, «mas eles não conseguiram vender.»

*

Estou parada em frente a uma van branca, debaixo de uma garoa, em um estacionamento sombrio na parte asiática de Istambul. Um homem chamado Ferhat me passa uma pistola Glock 19. É o mesmo modelo usado pelos soldados turcos, ele diz, abrindo as portas da van. No assoalho do carro há um lança-foguetes e, penduradas em araras, cerca de sessenta outras armas. Ferhat, que é ex-militar, pega um AK-47, a «arma de bandido», e um fuzil de precisão. Homens com uniforme militar circulam pelo estacionamento. Ao nosso redor há placas de rua em árabe e figurantes trajando ternos baratos.

Estamos no set de *Söz* (O juramento), da Tims Productions, produtora de *O século magnífico*. Eles estão gravando o 38º episódio. Um especialista em explosões perambula por ali, conversando com um homem de balaclava, enquanto um ator ensaia uma cena com um fuzil em cada mão. *Söz* é uma *dizi* militar – um novo subgênero que está arrebatando o país. Embora seja muito

ERA UMA VEZ UMA HOLLYWOOD NO BÓSFORO

A produção atual do cinema turco consiste em algumas poucas dezenas de filmes por ano. Embora seja um número baixo para assegurar uma indústria cinematográfica sólida, é um avanço em relação à crise na esteira do golpe de 1980, mas não chega aos pés do sucesso da indústria televisiva. Vale lembrar que, entre o início dos anos 1960 e o fim da década de 1970, o país viveu uma idade de ouro do cinema, chegando a produzir trezentos filmes por ano. O epicentro da «Hollywood no Bósforo» foi Yeşilçam, uma rua do bairro de Beyoğlu, em Istambul, que abrigava muitos cinemas – o último, o Emek Sineması, foi demolido em 2013 –, bem como a maioria dos estúdios. Com uma média de 3 mil pessoas por exibição, o cinema turco era um fenômeno cultural de massa, ditado pela preferência do público – em particular o feminino. A demanda era tamanha que os estúdios lançavam um filme por semana, apesar da escassez de película, da falta de recursos e até de ideias. Como resultado, e devido à frouxa adesão às leis de direitos autorais na época, era mais fácil copiar e/ou reutilizar gravações de sucessos de Hollywood, o que resultava em filmes como *Dünyayı Kurtaran Adam* (Guerra nas estrelas), *Badi* (E.T., o extraterrestre), *Kara Şimşek* (Rocky) ou *Vahsi Kan* (Rambo), se bem que os títulos, ao pé da letra, não fossem os mesmos da matriz. O gênero mais popular, no entanto, era o drama romântico, ainda que em 1979 tenha havido um não tão romântico boom do cinema pornô (*seks furyası*): das 193 produções daquele ano, 131 foram eróticas. Após o golpe, a produção cinematográfica foi interrompida por três anos, e muitos filmes acabaram sendo destruídos. Foi apenas graças ao mercado de vídeo doméstico e à comunidade de expatriados turcos na Alemanha que eles sobreviveram.

um refrão que pode soar sinistramente familiar em diversos países.

Depois de mais de cem horas assistindo a *dizi* variadas, *Söz* foi a primeira série em que vi uma mulher usando um hijab. O pai da Turquia moderna, Mustafa Kemal, mais tarde rebatizado de Atatürk, fez uma declaração famosa, dizendo que desejava que «todas as religiões [estivessem] no fundo do mar». Ele excluiu da Constituição o islã como religião do Estado e baniu o uso do fez, para ele símbolo do «ódio do progresso e da civilização». O véu – que Atatürk tachou de um «espetáculo que faz da nação objeto de ridículo» – não teve melhor sorte. Nos anos 1980, as mulheres ficaram proibidas de cobrir a cabeça em todas as instituições públicas, inclusive nas universidades.

Bastam cinco minutos nas ruas de Istambul, e deparamos com diversas mulheres de cabeça coberta, embora nas telas de TV elas não sejam vistas em parte alguma. «Eles tentaram», diz Eset, «mas até o pessoal mais conservador não gosta de ver mulheres conservadoras na TV. Elas não podem beijar, afrontar os pais, fugir de casa, nada que possa criar tensão narrativa.» Mulheres com hijabs quase nunca aparecem nos comerciais de TV, diz a jornalista e romancista Ece Temelkuran. Seu diagnóstico é claro: «Este país está dilacerado entre dois pedaços de pano – a bandeira e o véu».

cedo para ter uma ideia de sua repercussão mundial, ela já recebeu ofertas para remakes de países tão distantes como o México. A Tims sempre esteve de olho no mercado internacional, me dizem. Tentaram contratar estrelas de Hollywood para o elenco de *O século magnífico*, e parece que, quando estavam prestes a fechar com Demi Moore para o papel de uma princesa europeia, o divórcio dela (de Ashton Kutcher) pôs tudo a perder.

Cada um dos cinco principais canais turcos de TV tem uma dessas séries «que exaltam os militares», me conta mais tarde o roteirista Eset, e todas são «relevantes para o *zeitgeist*». Os malvados são ou «inimigos internos» ou vilões estrangeiros. *Söz* se passa em uma Turquia assolada pela violência e por ameaças à vida. Soldados estão por toda parte, esquadrinhando destroços de atentados suicidas em shoppings e caçando terroristas especializados em sequestro de mulheres grávidas. No primeiro episódio, após um ataque a um shopping, um soldado promete que eles não vão descansar até «acabar com este mar de lama» –

De volta ao set de *Söz*, enquanto subíamos as escadas de um prédio gelado para observar um homem que repete o gesto de atender o telefone por uma hora e os encarregados das explosões fuzilam janelas de vidro no corredor, digo a Selin Arat – diretora de operações internacionais da Tims e minha guia nesse dia – que eu tinha visto um episódio de *Söz* na noite anterior. E que toda vez que eu baixava os olhos para meu notebook e voltava a olhar para a tela, todos na cena pareciam ter morrido. Quem seriam aqueles terroristas?

Arat, uma mulher delicada de cabelo loiro-acobreado, vestindo um tailleur, ri. «Se soubésssemos estaríamos em perigo», ela brinca.

Quem quer que sejam os terroristas, *Söz* é um sucesso. «É o primeiro programa turco a ultrapassar a marca de 1 milhão de inscritos no YouTube», observa Arat, orgulhosa. No entanto, vender *Söz* fora da Turquia pode se provar mais difícil. «Queremos, sim, que seja uma série global», diz Timur Savcı, fundador da Tims Productions, «mas neste momento não são muitos os países de fato interessados em assistir à exaltação de soldados turcos.» Ele faz uma pausa e sorri. «Os Estados Unidos fazem séries e, no fim, dizem: 'Deus abençoe a América'. Pois que Deus abençoe a Turquia!»

*

Savcı está sentado à sua mesa no bairro de Levent, em Istambul. Cinco televisores sintonizados em canais diferentes iluminam o amplo escritório. É ele quem dá o tom na indústria das *dizi*, e agora está preparando uma adaptação inglesa de *O século magnífico*. Savcı não está nem um pouco interessado em fazer refilmagens turcas de séries norte-americanas. «Estamos fazendo apenas originais. É melhor!», diz, com uma gargalhada.

As *dizi* ainda não pegaram no mundo anglófono. Talvez porque nos Estados Unidos e no Reino Unido os telespectadores não gostem de filmes legendados, pondera Savcı, «ou talvez porque, no fim das contas, se trate de um Estado islâmico». Pergunto se isso é alguma coisa que Tims suavizaria na versão em inglês de *O século magnífico*. Savcı, um sujeito espirituoso, jovial, balança a cabeça. «É importante lembrar que naquela época o Império Otomano era a superpotência mundial. Era o que os Estados Unidos são hoje

TODO TURCO NASCE SOLDADO

Em um país fundado por um general vitorioso que chegou ao poder depois de defender as fronteiras de sua pátria, talvez não surpreenda o Exército ser fonte de imenso orgulho nacional. O serviço militar (período de doze meses obrigatório para todos os homens, que pode ser reduzido a seis meses para aqueles com curso superior) é um rito de passagem fundamental, um dos cinco estágios da masculinidade, junto com circuncisão, trabalho, casamento e paternidade. Um homem que não tenha feito o serviço militar terá dificuldades para encontrar um emprego e também para casar, pois as famílias não permitem que uma filha se case com alguém que não tenha servido. Objeção de consciência é ilegal – um lema popular proclama que «todo turco nasce soldado» – e constitui crime «insultar o espírito das Forças Armadas». O patriotismo e o martírio continuam profundamente arraigados, a despeito de desde 1984 centenas de milhares de recrutas terem sido enviados para combater separatistas curdos (e de mais de 6 mil deles terem morrido). Em um conhecido episódio, Erdoğan expressou o desejo de que uma menina de seis anos se tornasse mártir e fosse envolta em uma bandeira turca. «Você está pronta para qualquer coisa, não é mesmo?», ele perguntou à criança, enxugando-lhe as lágrimas. A reputação do Exército, guardião da ideologia secular da Turquia, ficou maculada com o golpe frustrado de 2016, mas, apesar dos expurgos que vieram depois (cerca de 40% dos generais e almirantes foram afastados), o Exército, o segundo maior da Otan, mantém, aos olhos turcos, uma reputação de invencibilidade.

> **«Atores turcos me disseram que desenvolveram suas habilidades vendo séries como *Dallas* e *Dinastia* – com elas aprenderam a representar emoções e atuar do jeito melodramático que as *dizi* exigem.»**

para o mundo. Se as pessoas encararem a série desse ponto de vista, vão entender melhor, mas se não souberem disso vão se sentir ameaçadas.»

Os turcos assistem a programas de TV norte-americanos de qualidade desde os anos 1970. Atores como Mert Fırat me disseram que desenvolveram suas habilidades vendo séries como *Dallas* e *Dinastia* – com elas aprenderam a representar emoções e atuar do jeito melodramático que as *dizi* exigem. Mas faltava alguma coisa, alguma coisa fundamental, como havia naqueles primeiros guias de como ser rico e poderoso no mundo moderno.

Kıvanç Tatlıtuğ, astro da bem-sucedida *Gümüş*, entre outras, não sente que se trata necessariamente de uma questão de valores ou de conservadorismo, mas de empatia. Por e-mail, ele me explica por que as audiências em todo o mundo estão se voltando para as *dizi* em detrimento das produções ocidentais. «A maior parte desses espectadores tem a sensação de que Hollywood e a Europa negligencia a vida deles», escreveu Tatlıtuğ. «É basicamente uma questão de diversidade de narrativas. Entendo o apelo de uma história como a de *Breaking Bad* ou *Game of Thrones*, são duas séries impressionantes, no entanto algumas pessoas também podem se sentir distantes desses temas hollywoodianos e querer acompanhar uma história com a qual possam se identificar.»

«O desaparecimento de valores familiares não preocupa o Ocidente», diz Eset. «Nos últimos quatro anos, mais ou menos, 40% das séries turcas mais assistidas foram remakes de dramas coreanos», ele diz, ressaltando que os coreanos mostraram-se mais ágeis do que os turcos em se infiltrar no mercado latino-americano. «A Coreia também é um país que dá grande importância à família, mas no Ocidente a noção romântica daqueles bons e velhos valores familiares desapareceu.»

Quando nos encontramos, Eset trabalhava com uma produtora turco-americana, a Karga 7, que tem ambições globais. «Quando falo com alguém sobre séries de TV turcas», ele me diz, «logo vem à mente das pessoas aquela noção romântica de família, em que todo mundo gosta um do outro. Os perigos surgem de fora, e a classe socioeconômica desempenha um papel importante na história de amor do rapaz pobre apaixonado pela moça rica, e vice-versa. No Ocidente, histórias como essa normalmente seriam abordadas como a jornada de um indivíduo, na qual há mais sexo, mais violência, e mais presença de drogas.» A TV turca tem menos disso. Eset destaca que o casal de *Fatmagül* só se beija por volta do 58º episódio.

*

Em agosto de 2017, em Beirute, conversei com Fadi Ismail, diretor-geral da subsidiária da O3 Productions do Centro de Transmissão do Oriente Médio e a pessoa

À direita: Um ator cruza a pé o set de *Payitaht Abdülhamid.*

responsável por levar a TV turca ao Oriente Médio. «Para me gabar um pouco», Ismail me corrige com uma risada, «fui eu que tornei a cultura turca acessível para todo o mundo, por meio da TV.» A MBC – a maior emissora do Oriente Médio e do norte da África, uma região de quase 400 milhões de pessoas – possui um canal de notícias, um infantil, um voltado para o público feminino, um de Bollywood e um de drama 24 horas por dia, no qual transmite novelas egípcias, dramas coreanos e telenovelas latino-americanas.

Em 2007, Ismail foi a uma feira de cinema na Turquia, como comprador, e se deparou com um pequeno estande que apresentava séries regionais de TV. «Eu parei e fiquei olhando, sem entender nada», ele lembra, «mas imediatamente consegui visualizá-la como um conteúdo árabe. Imaginei-a com o áudio em árabe, e o restante se pareceu conosco, tanto cultural como socialmente – até a comida, as roupas. Como para mim tudo ali se parecia conosco, pensei: 'Heureca!'.»

Ismail comprou uma série turca para seu canal. Ele não lembra o nome da primeira, porque eles já recorriam à fórmula de dar a tudo – título, personagens – nomes árabes. «Em todos os títulos havia a palavra 'amor', portanto misturei tudo. Amor Alguma Coisa, Amor Azul, Longo Amor, Amor Curto, Amor Mortal.» *Gümüş*, rebatizada como *Noor* para o mercado do Oriente Médio, foi o primeiro grande sucesso.

Embora os egípcios sejam tradicionalmente conhecidos por seu cinema, eles também dominaram a TV da região até a Síria assumir o protagonismo nos anos 1990. Os atores sírios eram célebres por sua dramaticidade e talento cômico. Seus diretores eram artistas. Roteiristas talentosos produziam séries de qualidade com uma considerável ajuda estatal. O governo investiu dinheiro na indústria televisiva, provendo diretores de câmeras, equipamentos, subsídios estatais e permitindo que filmassem em sítios históricos sírios. Mas então a guerra estourou e a promessa ficou na promessa. Nesse momento, diz Ismail, os turcos estavam prontos para tomar a dianteira.

Como os dramas sírios já tinham se tornado um «fenômeno pan-árabe», a MBC decidiu dublar no dialeto sírio-árabe todos os dramas turcos que havia comprado. «É uma das razões para seu enorme sucesso», conclui Ismail. «Dublamos os dramas turcos com o sotaque mais predominante e estabelecido: o sírio.» Antes de eles invadirem as telas do Oriente Médio, os libaneses assistiam a telenovelas mexicanas e brasileiras. Embora fossem populares, elas acabaram perdendo fôlego por duas razões. A primeira foi a língua. As telenovelas eram dubladas em *fusha*, um árabe literário padronizado que é entendido do Iraque ao Sudão e usado em jornais, revistas e noticiários. Livre dos sotaques regionais e das gírias de cada país, é um árabe formal, clássico. A segunda razão foram os valores. «Os mexicanos não se pareciam absolutamente conosco», diz Imane Mezher, coordenador de licenciamento e distribuição da produtora de TV iMagic, uma produtora de TV com base em Beirute. A iMagic é responsável pela *Arabs Got Talent*, a versão do Oriente Médio de *The X Factor*, e experimenta novos formatos, como o *World Bellydance Championship* e um *Extreme Makeover* islamicamente correto, no qual os participantes não alteram o projeto divino por vaidade, mas se submetem a cirurgias de reconstrução devido a questões de saúde.

Mezher balança a cabeça ao se lembrar das telenovelas. «Você vê uma filha e não sabe quem é o pai, não sabe quem é a mãe. As histórias não tinham moral. No fim das contas, para o bem ou para o mal, gostamos

> «Não se pode separar a política – tanto a interna quanto a geopolítica – da dinâmica ascendente das *dizi*. O próprio Erdoğan não escondeu sua antipatia em relação à série *O século magnífico,* julgando-a picante demais e pouco fiel à real história otomana.»

que as coisas sejam um pouco mais conservadoras. E os turcos acertam em cheio nisso. Fazem uma mistura que funciona: a liberdade europeia que todos almejam e, ao mesmo tempo, foco em problemas conservadores, os mesmos que enfrentamos. As pessoas têm os mesmos nomes que nós, as mesmas histórias, e o povo adora isso.»

*

No entanto, desde 2018 o alcance internacional da TV turca foi significativamente reduzido. No dia 2 de março daquele ano, à uma hora da manhã, no horário da Arábia Saudita, a MBC tirou do ar as *dizi*. Seis foram suspensas, num prejuízo de 25 milhões de dólares para a MBC. «A decisão é de retirar todos os programas turcos de diversas emissoras de TV regionais», declarou o porta-voz do canal. «Não posso confirmar quem tomou a decisão.»

Desde 2015, o príncipe herdeiro da Arábia Saudita, Mohammed bin Salman, MBS, como é conhecido, negociava a compra da MBC, no entanto julgava que 3 bilhões de dólares era um preço alto demais. Em novembro de 2017, MBS mandou prender a maior parte do conselho e dos acionistas da MBC, sob o pretexto de uma varredura anticorrupção. Depois de 83 dias em uma prisão de luxo, o fundador da MBC, Waleed bin Ibrahim Al Ibrahim, empresário saudita cuja irmã era casada com um antigo rei, foi solto. Sua empresa tinha agora um novo sócio majoritário secreto,

cuja primeira missão foi cancelar toda a programação de *dizi* da MBC.

Antes desse momento, o Oriente Médio e a África do Norte respondiam pela maior audiência de *dizi* no mundo. *O século magnífico* havia sido anunciado em Dubai ao lado de *Game of Thrones* e *Oprah*, e Ece Yörenç, roteirista de *Fatmagül*, fora convidada pela Arábia Saudita a escrever séries de TV para todos os canais regionais. Circularam rumores de que, quando em visitas oficiais à Turquia, príncipes e políticos especulavam sobre enredos de séries. É possível que esse tipo de influência turca tenha incomodado o príncipe herdeiro, mas não há dúvida de que ele estava furioso com o descarado desprezo turco por seu embargo ao Catar, em 2017. Assim, em março de 2018 ele acusou o presidente Recep Tayyip Erdoğan de tentar construir um novo «califado otomano», e incluiu a Turquia no que bizarramente chamou de «triângulo do mal». E assim logo varreu as *dizi* das TVs do Oriente Médio.

Não se pode separar a política – tanto a interna quanto a geopolítica – da dinâmica ascendente das *dizi*. O próprio Erdoğan não escondeu sua antipatia em relação à série *O século magnífico*, julgando-a picante demais e pouco fiel à real história otomana. Seu governo revogou a permissão para as gravações em sítios históricos como o palácio Topkapı, e a Turkish Airlines a excluiu de sua programação nos voos, para evitar a ira do governo. Um deputado do partido AKP chegou a escrever uma petição parlamentar para banir legalmente a série.

Embora *O século magnífico* nunca tenha sido usada pelo Estado para projetar a influência turca no mundo, outras *dizi* o foram. Duas produções mais recentes feitas para a TRT, a TV estatal turca, têm o endosso incondicional do governo, se não sua orientação. A primeira, *O grande guerreiro otomano*, começa no início da glória otomana, com Ertuğrul Ghazi, o pai do sultão Osmã, fundador do império. O slogan da *dizi* é «O despertar de uma nação», e ao longo de cinco temporadas os telespectadores assistem a Ertuğrul combater cruzados, mongóis, cristãos bizantinos e muito mais. Ela alcançou a condição de série mais popular da TRT no ar. «Até os leões começarem a escrever suas próprias histórias», disse Erdoğan sobre *Ertuğrul*, «seus caçadores sempre serão os heróis.»

Outro seriado, *Payitaht Abdülhamid* (O último imperador), mostra uma obsessão otomana: o último poderoso sultão otomano, Abdul Hamid II. Estreou em 2017, conquistando números expressivos – todas as sextas-feiras, um em cada dez telespectadores assistiam ao sultão conter as rebeliões dos Jovens Turcos (que no fim o derrubariam) e enfrentar as tramas maquinadas por potências europeias. Tanto apoiadores quanto detratores das *dizi* reconheceram que a representação do sultão tinha como modelo incrivelmente próximo a figura de Erdoğan. Seguidores do presidente turco enxergaram uma simbiose entre os dois líderes orgulhosos que não temiam confrontar o Ocidente e que sonhavam em tornar a Turquia o centro da unidade pan-muçulmana. Críticos apontaram a dependência paranoica dos dois aos serviços de inteligência e uma noção opressiva de poder.

Até 2023 o governo turco espera que as *dizi* gerem 1 bilhão de dólares em exportação.

DA OTOMANIA AO NEO-OTOMANISMO

O século magnífico faz parte de uma tendência – que cresceu com a ascensão de Erdoğan – conhecida como otomania, presente não apenas em propagandas que buscam recuperar a memória histórica do Império Otomano, mas também no cotidiano, de livros de receitas às comissárias de bordo da Turkish Airlines. Essa nova obsessão casa à perfeição com a ideologia de Erdoğan de uma Nova Turquia e com a política externa neo-otomana dos últimos vinte anos, que visa promover maior relacionamento com áreas outrora sob o controle do império (os Bálcãs, o Oriente Médio e a África do Norte), em oposição à ideologia kemalista, com os olhos sempre voltados para o Ocidente, mirando a adesão à Otan e à UE. Além da problemática situação energética do país (a Turquia situa-se no centro da rota de escoamento de gás e óleo, mas não tem recursos próprios), dois conceitos complicam as coisas: o pan-islamismo (mas apenas o islã sunita) e o pan-turquismo (a proteção das minorias turcas, por exemplo no Chipre, e a solidariedade com populações turcomanas na Ásia Central). O termo neo-otomanismo na verdade se originou na Grécia depois da intervenção militar turca no Chipre em 1974, mas o principal arquiteto da política – sintetizada no lema «Zero problemas com os vizinhos» – foi Ahmet Davutoğlu, ministro de Relações Exteriores entre 2009 e 2014. Sua saída e a inclinação de Erdoğan para a autocracia esvaziaram todo o sentido desse lema, levando a conflitos, alguns deles armados, com Estados vizinhos (Síria) e outros (Líbia, Rússia e a própria Otan), bem como com seus vizinhos mais próximos de todos: os curdos.

Em seu escritório revestido de vidro em Istambul, İzzet Pinto, fundador da distribuidora de *dizi* Global Agency, me disse que 500 milhões de dólares é uma cifra mais realista, em razão da perda do mercado do Oriente Médio. Mas ele estima que direitos de refilmagens, a expansão do mercado latino-americano e a abertura do mercado da Europa Ocidental – sobretudo Itália e Espanha – ajudarão a contrabalançar essas perdas.

Na Tims, Selin Arat prevê que a popularidade das séries turcas atingiu um nível estável. Ainda que a demanda não aumente muito mais, há uma ânsia global pelo que a TV turca pode oferecer. Arat admite que a postura saudita contra as *dizi* é um revés, mas, diz ele, «isso não representará o fim da invasão das *dizi* turcas». 🐦

Os trinta anos do golpe na Turquia

Uma série de imagens são projetadas sobre um carro batido no Museu Memorial do 15 de julho, em Istambul, localizado a poucos metros da primeira ponte sobre o Bósforo, local simbólico do golpe de 2016.

Um pregador islâmico exilado estava por trás da tentativa do golpe militar de 2016? Dexter Filkins investiga os segredos e mistérios do movimento gülenista, que passou décadas infiltrado na burocracia para minar o Estado laico antes de entrar em conflito com seu antigo aliado, o presidente Erdoğan.

DEXTER FILKINS

51

Às nove da noite do dia 15 de julho de 2016, o general Hulusi Akar, chefe do Estado-Maior do Exército turco, ouviu uma batida na porta de seu gabinete em Ancara, a capital do país. Era um de seus subordinados, o general Mehmet Dişli, que trazia a notícia de que um golpe militar estava em curso. «Vamos arregimentar todo mundo», disse Dişli. «Batalhões e brigadas estão a caminho. Logo o senhor vai ver.»

Akar ficou atônito. «Mas o que é que você está dizendo?», perguntou.

Em outras cidades, oficiais envolvidos no golpe haviam ordenado a suas unidades que detivessem líderes militares superiores, bloqueassem as principais estradas e controlassem áreas estratégicas, como o aeroporto Atatürk em Istambul. Duas dúzias de caças F-16 haviam decolado. Segundo declarações de alguns oficiais envolvidos, os conspiradores pediram a Akar para se reunir a eles. Quando o general se recusou, eles o algemaram e o levaram de helicóptero a uma base militar onde outros generais estavam retidos; a certa altura, um dos rebeldes lhe apontou uma arma e ameaçou atirar.

Depois da meia-noite, um âncora do noticiário da Rádio e TV Turca foi forçado a ler um comunicado dos conspiradores, que se identificavam como integrantes do Comitê da Paz Interna, referência a um dos ideais fundadores do país. Sem mencionar o presidente Recep Tayyip Erdoğan, o comunicado dizia que seu governo havia destruído as instituições, se envolvera em corrupção, apoiara o terrorismo e ignorara os direitos humanos: «O estado de direito secular e democrático foi praticamente eliminado».

Por algum tempo parecia que os rebeldes estivessem em vantagem. Governadores de cidades do interior e líderes comunitários ou se renderam ou se juntaram a eles, assim como forças policiais. Em uma série de mensagens de texto reveladas depois do golpe, o major Murat Çelebioğlu disse a seu grupo: «Os subchefes de polícia de Istambul foram chamados, informados e a maioria obedeceu».

O coronel Uzan Şahin respondeu: «Diga aos nossos amigos policiais que eu beijo as mãos deles».

Mas o complô parecia agir de modo confuso. Uma equipe enviada de helicóptero para localizar Erdoğan em Marmaris, balneário onde ele passava as férias, não conseguiu capturar o presidente no hotel, não obstante a troca de tiros com os seguranças. Os rebeldes assumiram o controle de apenas um canal de TV e não tocaram nas redes de telefonia celular. Erdoğan pôde gravar uma mensagem de vídeo, transmitida pela CNN Türk, na qual apelava aos cidadãos para «tomar as ruas». Eles o fizeram, em números expressivos. Confrontadas com uma resistência popular impressionante, as tropas viram-se obrigadas a decidir se atiravam nos manifestantes ou se desistiam. Já de manhã o motim havia se dissipado.

Erdoğan declarou emergência nacional, e nas semanas seguintes fez uma série de aparições para lembrar à nação o preço do golpe. Alguns conspiradores haviam

DEXTER FILKINS é um conceituado jornalista e correspondente de guerra americano. Finalista do prêmio Pulitzer em 2002 por suas matérias sobre o Afeganistão, em 2009, com um grupo de colegas do *The New York Times,* ganhou o prêmio por reportagens de guerra no Afeganistão e no Paquistão. É autor de um livro sobre os conflitos no Iraque e no Afeganistão, *Guerra sem fim* (Companhia das Letras, 2009), vencedor do National Book Critics Circle Award norte-americano em 2008. Após anos na linha de frente pelo *The New York Times*, ele hoje escreve para a revista *The New Yorker*, que publicou o presente artigo.

> **«Para muitos observadores externos, a acusação de Erdoğan parecia saída de um *thriller* de quinta categoria: Estado moderno é atacado por sociedade secreta liderada por ancião que vive no alto de uma colina a meio mundo de distância.»**

atirado de forma brutal em manifestantes e em colegas que se opuseram a eles. Um major rebelde, ao se defrontar com uma resistência, mandou a seguinte mensagem de texto para seus soldados: «Acabem com eles, fogo neles, sem concessões». Mais de 260 pessoas foram mortas, milhares foram feridas. Os F-16 haviam bombardeado o Parlamento, abrindo buracos na fachada e espalhando pedaços de concreto pelos corredores.

Segundo Erdoğan, o golpe não representou um sinal legítimo de agitação civil. Na verdade, ele nem sequer teria tido origem na Turquia; os rebeldes «estavam recebendo ordens da Pensilvânia». Para os turcos, a mensagem codificada era clara: Erdoğan queria dizer que o idealizador do golpe era Fethullah Gülen, pregador muçulmano de 78 anos exilado havia duas décadas nos Poconos, entre Allentown e Scranton, na Pensilvânia.

Gülen, um proselitista sombrio de voz rascante, calvo, tinha fugido da Turquia em 1999, temendo ser preso pelos militares que governavam o país. À distância ele havia atuado como guia espiritual para milhões de pessoas e cuidava de uma rede mundial de escolas autônomas, conhecidas por oferecer bolsas de estudo aos menos privilegiados. Seus sermões e escritos enfatizavam a reconciliação do islã com a ciência contemporânea e promoviam a caridade; seu movimento é chamado de Hizmet, «serviço». No Ocidente, muitos consideravam o movimento uma tendência auspiciosa para o islã. Gülen se encontrou com o papa João Paulo II e líderes de

importantes organizações judaicas, e foi festejado pelo ex-presidente Bill Clinton, que louvou suas «ideias de tolerância e diálogo inter-religioso».

Para muitos observadores externos, a acusação de Erdoğan parecia saída de um *thriller* de quinta categoria: Estado moderno é atacado por sociedade secreta liderada por ancião que vive no alto de uma colina a meio mundo de distância. Para Erdoğan, no entanto, confirmava uma realidade política. Gülen, antes um aliado essencial, tinha se tornado líder de um Estado sombra, determinado a derrubar a administração Erdoğan. Nas semanas que se seguiram, as forças governistas prenderam dezenas de milhares de pessoas que o presidente alegava serem leais a Gülen. Em declarações ultrajantes ao governo dos Estados Unidos, ele exigiu que o religioso fosse extraditado, a fim de enfrentar a justiça em um tribunal turco.

*

Desde que Gülen se refugiou no interior da Pensilvânia, ele tem estado recluso, disparando uma enxurrada de gravações em áudio e vídeo para a Turquia, mas se recusando a aparecer em público. A primeira vez que pedi para conversar com ele, em 2014, eu não estava esperançoso. Em seu escritório em Manhattan, Alp Aslandoğan, diretor-executivo do movimento Aliança por Valores Compartilhados, me disse repetidas vezes que uma entrevista talvez nunca chegasse a acontecer. «A saúde dele é muito frágil», explicou. Mesmo que concordasse

Os trinta anos do golpe na Turquia

53

em falar, era possível que depois de algumas poucas perguntas Gülen se sentisse cansado demais para continuar.

Após um ano de recusas, em julho do ano seguinte fui subitamente convocado a comparecer à sua propriedade. Ao sair do carro, senti como se tivesse chegado ao interior da Anatólia: as duas construções principais eram em estilo otomano, com janelas altas e telhados inclinados; as mulheres usavam os véus de ajuste elegante, populares entre a classe média turca; todos falavam turco. Aslandoğan me cumprimentou e me acompanhou a uma sala de conferência muito ornamentada e mobiliada com sofás voltados para uma poltrona com ares de trono, que estava reservada para mim.

Depois de alguns minutos, Gülen entrou. Vestia terno preto, do tipo que se encontraria em lojas populares; avançou com a cabeça curvada e um arrastar de pés hesitante, parecendo mais um aposentado que havia acabado de acordar de seu cochilo vespertino do que o patriarca de uma organização mundial. Tinha uma cabeça grande e pálida, nariz largo e olhos sustentados por enormes bolsas. O único traço de vaidade era um par de bigodes grisalhos. Ele me cumprimentou com um aceno indiferente de cabeça; depois de dezessete anos nos Estados Unidos, mal falava inglês. Gülen me conduziu por um corredor para me mostrar seus alojamentos: dois cômodos minúsculos, com um colchão no chão, um tapete para orações, uma escrivaninha, estantes de livros e uma esteira ergométrica.

Não houve nenhuma conversa informal antes da entrevista, e Gülen não sorriu. Quando perguntei sobre seu relacionamento com Erdoğan, ele me disse, por meio de um intérprete, que Erdoğan nunca quis dividir o poder com ninguém. «Aparentemente, ele sempre teve essa concepção de ser o único e grande poderoso», disse. Erdoğan e seus seguidores eram todos parecidos. «No início de suas carreiras políticas, eles se apresentaram como um partido e uma liderança mais democráticos. E pareciam pessoas de fé. Portanto não desejávamos duvidar de suas motivações. Nós acreditávamos na retórica deles.»

Falava de um modo críptico, e essa é uma característica sua. «Não é possível entendê-lo», um oficial da inteligência turca já havia me prevenido. Quando perguntei se seu movimento tinha pretensões políticas, Gülen respondeu que seus seguidores eram tantos que alguns acabariam por ocupar cargos importantes, mas que não podiam ser considerados conspiradores. «Nenhum cidadão ou grupo social pode ser totalmente isolado da política, porque decisões e ações políticas afetam suas vidas», acrescentou. «Esse tipo de papel para grupos da sociedade civil é normal e bem-vindo em sociedades democráticas – e não faz do Hizmet um movimento político.» Conversamos um pouco mais, porém, como previsto, Gülen pareceu se cansar. Depois de mais ou menos quarenta e cinco minutos, Aslandoğan sinalizou que a entrevista deveria terminar.

*

Já havia encontrado um porta-voz mais loquaz das ideias de Gülen: Mustafa Aksoy, empresário que conheci em 2011 no café de um hotel em Istambul. (Depois do golpe e da subsequente repressão, Aksoy me pediu para ser identificado sob pseudônimo, a fim de proteger sua família na Turquia.) Como muitos seguidores de Gülen, ele não usava barba, vestia um terno ocidental e parecia agressivamente animado. Era um homem muito bem-sucedido, proprietário de uma construtora, de uma empresa prestadora de serviços no ramo de hotelaria e de

uma fábrica de produtos de utilidade doméstica, que, juntas, empregavam cerca de seiscentas pessoas. Havia morado na Europa por três anos. Falava um inglês fluente e era casado com uma escandinava; seu trabalho o tinha levado aos quatro cantos do mundo.

Aksoy me disse que se associou ao movimento gülenista em 1993, quando acompanhava um grupo de empresários em uma viagem ao Turcomenistão, um dos países turcófonos da Ásia Central. Durante a estadia, ele fez um tour por uma escola secundária construída por seguidores de Gülen. A escola mexeu com seu orgulho patriótico: tinha o nome de um ex-presidente da Turquia, nas formaturas uma bandeira turca tremulava, uma grande foto mostrava os presidentes turco e turcomeno apertando as mãos. «Era a melhor escola do país», disse Aksoy. «Todos os pais tentavam conseguir uma vaga ali para os filhos.»

Por meio das escolas, Aksoy se envolveu com o movimento gülenista, doando dinheiro em suas viagen pela África, Ásia Central e Sudoeste Asiático. «Acabou se tornando uma espécie de hobby para mim – sempre que chegava a algum lugar, ia visitar uma escola», disse. Elas serviam de cabeça de ponte para os interesses turcos.

«Até na Califórnia, na área hispânica, vejo escolas cem por cento turcas. Quando cheguei à Tanzânia, havia duas escolas lá, mas nenhuma embaixada. Agora existe uma embaixada e muitos negócios.»

O empresário disse que as escolas constituíam uma rede informal. «Elas se comunicam entre si e mantêm padrões. Existe um fluxo contínuo de informações.» Mas, como Gülen, ele insistiu que o movimento não tinha segundas intenções. Disse que as queixas contra os gülenistas costumavam partir de pessoas nostálgicas da velha ordem secular da Turquia, uma época que ele considerava morta. «As pessoas que perderam poder não conseguem enxergar as verdadeiras mudanças», disse Aksoy. «As coisas estão mudando muito rápido na Turquia, e eles precisam culpar alguém.»

*

Desde o início, a República da Turquia foi concebida como um Estado secular. Ela foi fundada em 1923 por Mustafa Kemal, mais conhecido como Atatürk, um nacionalista ferrenho que acreditava que política e religião deviam ser mantidas estritamente separadas. Uma vez no poder, ele aboliu o Califado Islâmico, que existira por

1.300 anos, e inscreveu os clérigos do país na folha de pagamento estatal, para garantir que não saíssem da linha. Como resultado, durante boa parte do século XX a maioria devota da Turquia foi governada por uma pequena elite secular. O Exército, talvez a instituição mais poderosa do país, considerou-se o guardião do Estado secular de Atatürk; durante os anos 1970 e 1980, por diversas vezes partidos islamitas alcançaram notoriedade e logo foram caçados e banidos. Demonstrações de fervor religioso eram vistas como indesejáveis e até perigosas.

Em 2001, o Partido da Justiça e do Desenvolvimento – em turco, Adalet ve Kalkınma Partisi, cujas iniciais compõem a sigla, AKP – foi fundado por um grupo liderado por Erdoğan. Um dinâmico ex-prefeito de Istambul, Erdoğan tinha deixado a prisão havia pouco; ele havia sido encarcerado pelos líderes militares do país depois de fazer um discurso com frases como: «As mesquitas são nossos quartéis [...] e os fiéis são nossos soldados». No ano seguinte ele anunciou sua candidatura a primeiro-ministro. Em discursos de campanha proclamou-se islamita, uma voz para os turcos devotos, mas também prometeu manter o islã fora da política.

O AKP venceu as eleições nacionais, e Erdoğan começou a reformular a Turquia. Ele reestruturou o sistema judicial, liberalizou a economia e facilitou as relações

Uma breve história da Turquia moderna

1923
No fim da Guerra de Independência, depois que as potências europeias tentaram dividir o território otomano, Mustafa Kemal, mais tarde conhecido como Atatürk, funda a República da Turquia.

1925-34
Reformas para modernizar o país: abolição do artigo da Constituição que considerava o islã a religião do Estado; adoção do novo Código Civil, que prevê a abolição da poligamia e o casamento civil obrigatório; introdução do alfabeto latino; orientações sobre vestimentas; extensão do voto para as mulheres.

1938
Morte de Mustafa Kemal Atatürk. İsmet İnönü o sucede na Presidência e decide permanecer neutro durante a Segunda Guerra Mundial.

Anos 1950
Depois das primeiras eleições sob um sistema multipartidário em 1950, sobe ao governo o novo Partido Democrático (PD) de Adnan Menderes, sem ligação com as tradicionais elites militares e burocráticas. Entre 1948 e 1952, a Turquia passa a fazer parte da Organização para a Cooperação Econômica Europeia (OCEE), do Conselho Europeu e da Otan.

1955
Tendo como pretexto uma explosão na casa onde Atatürk nasceu, na cidade grega de Tessalônica, um imóvel de propriedade da comunidade grega de Istambul – mas também pertencente às comunidades armênia e judaica – é atacado e destruído. O pogrom, comprovadamente da responsabilidade do governo, foi o enésimo ato que teve como objetivo remover a minoria grega do país antes das expulsões dos anos 1960.

27 de maio de 1960
Primeiro golpe militar. Tem início a redação de uma nova Constituição, aprovada em 1961.

com minorias havia muito oprimidas, como os alevitas e os curdos. O PIB duplicou. Ocidentais viam Erdoğan como uma ponte entre o Ocidente e o mundo islâmico – o líder de um país muçulmano próspero, democrático e estável.

Ao mesmo tempo, Gülen acertava contas com o establishment secular da Turquia. Pregador na cidade costeira de Izmir, apesar de funcionário do Estado ele traçou seu próprio caminho espiritual; em busca de inspiração, voltou-se para o teólogo Said Nursi, que enfatizava a compatibilidade do islã com a racionalidade e a investigação científica. Enquanto muitos islamitas abraçavam visões antiocidentais, anticapitalistas e antissemitas, os sermões de Gülen eram a favor dos negócios, da ciência e – novidade no mundo muçulmano – receptivos a Israel.

Em 1971, depois de um golpe militar, o novo regime prendeu Gülen sob acusações de conspiração para derrubar a ordem secular, e ele cumpriu sete meses da pena na prisão. Depois disso, tornou-se um islamita modelo do establishment secular, reunindo-se frequentemente com líderes do país e manifestando seu apoio em público. «Eu já repeti várias vezes que a ordem republicana e o secularismo, quando executados à perfeição, são bênçãos divinas», anunciou uma vez na TV turca. Se tais declarações fizeram com que a ira dos líderes islamitas se voltasse

1968-69

Manifestações estudantis. Protestos contra a chegada da Sexta Frota da Marinha Norte-Americana. A radicalização do movimento dá início a uma luta armada.

12 de março de 1971

Segundo golpe militar. Exonerações no governo e restrições de liberdade pessoal, da autonomia das universidades e da liberdade de imprensa.

1977

Durante as manifestações de 1º de maio na praça Taksim, em Istambul, a polícia atira contra a multidão, matando 34 pessoas. A operação acontece em uma década abalada pela luta armada entre a esquerda e a direita radicais.

12 de setembro de 1980

Terceiro golpe militar, liderado pelo general Kenan Evren. A Constituição é suspensa e todos os partidos e organizações políticos são dissolvidos. Segue-se um período de repressão severa, com diversos casos de tortura e prisões sumárias. O governo civil, liderado por Turgut Özal, é restaurado em 1983, um ano depois da aprovação da nova Constituição.

1992

Início da operação de desocupação forçada e incêndio de milhares de vilarejos curdos no sudoeste do país, à medida que se agravam os conflitos com as guerrilhas armadas do PKK.

1993

Massacre de Sivas: um grupo de nacionalistas e islamitas radicais inicia um incêndio em um evento cultural em Alevi que resulta em 37 vítimas, entre as quais intelectuais e artistas famosos.

1996

A união aduaneira com a UE entra em vigor após um acordo de associação assinado com a Comunidade Econômica Europeia em 1964.

contra Gülen, elas também pareciam lhe proporcionar algum grau de proteção das autoridades seculares.

A uma audiência ocidental, o apelo de Gülen podia soar misterioso. Ele fala um turco eivado de citações do Corão, e sua teologia pode parecer uma mistura de clichês sobre amor, paz, tolerância com diálogo inter-religioso. «Seu carisma vem de sua emoção», explicou um ex-seguidor. «Ele grita, reage rápida e imprevisivelmente, mostra todas as suas emoções. Para os ocidentais, isso pode ser difícil de entender, mas para os muçulmanos pode ser mágico.»

Quando Erdoğan assumiu o governo, Gülen estimou que tivesse 3 milhões de seguidores, vindos de uma classe emergente de empreendedores moderadamente religiosos que desafiavam a elite secular e assumiam postos na máquina burocrática do país. Como Gülen pregava a favor dos negócios, seus partidários montaram uma rede de centros preparatórios para concursos, destinados a jovens que iam realizar provas de admissão em faculdades, academias militares e para postos públicos. Os centros se revelaram altamente lucrativos, e adeptos bem-sucedidos doaram dinheiro para os programas de Gülen. Aos poucos os gülenistas construíram um império, com valor estimado em milhões de dólares, que inclui jornais, canais de TV, empresas e associações profissionais. As escolas se

28 de fevereiro de 1997

O chamado «golpe pós-moderno»; o Conselho de Segurança Nacional instrui o governo sobre medidas a serem tomadas para defender o secularismo e a democracia.

1999

Um terremoto poderoso devasta a região de Mármara. A falta de assistência e a ausência do Estado revelam a eficiência das organizações da sociedade civil, cuja intervenção é fundamental. Abdullah Öcalan, líder do PKK, é preso no Quênia e condenado à morte. Mais tarde é transferido para a prisão insular de İmralı, onde é o único prisioneiro.

2001

Começa o processo de adesão da Turquia à UE, depois da aprovação do Conselho Europeu em Helsinque (1999). A Turquia tinha feito sua primeira solicitação à CEE em 1987. Uma série de reformas para a adequação aos padrões da UE tem início em 2002. O processo é interrompido em dezembro de 2006, depois que o governo turco não reconhece a República de Chipre, membro da UE desde 2004.

2002

O Partido da Justiça e do Desenvolvimento (AKP), fundado por Recep Tayyip Erdoğan e Abdullah Gül, ganha a eleição geral. Meses depois do pleito, eles se tornam, respectivamente, primeiro-ministro e ministro das Relações Exteriores.

2006

Orhan Pamuk ganha o Prêmio Nobel de Literatura.

2007

Assassinato do jornalista turco-armênio Hrant Dink. O funeral se transforma numa enorme marcha progressista de esquerda, que desde então se repete todos os anos.

2010

Istambul é a Capital Europeia da Cultura, com centenas de eventos

espalharam. Hoje existem 2 mil em 160 países, e pelo menos 120 nos Estados Unidos.

Nos primeiros anos do mandato de Erdoğan, ele e Gülen procuravam encontrar um lugar para o islã na vida pública. Ainda assim, os dois pouco colaboraram um com o outro. Então, na primavera de 2007 Erdoğan e os militares se confrontaram depois que ele tentou nomear um islamista amigo seu para a Presidência do país. O Q.G. do chefe do Estado-Maior postou um memorando em seu website. «Deve-se ter em mente que as Forças Armadas turcas constituem parte desse debate e são firmes defensoras do secularismo», dizia. «Elas vão expor suas convicções e atuarão aberta e claramente sempre que necessário.»

Em vez de recuar, Erdoğan denunciou os militares, convocou uma eleição e obteve uma vitória decisiva. Ainda assim, estava aterrorizado com a possibilidade de que os generais, apoiados pelo establishment secular, fossem atrás dele de novo. «Os gülenistas enxergaram aí uma oportunidade», me disse Ibrahim Kalın, assessor de Erdoğan. «Nós éramos novatos. Quando nosso partido chegou ao poder, a única coisa que tinha era o apoio popular. O partido não dispunha de nenhum acesso às instituições estatais – nada de Judiciário, nada de forças de segurança.» Gülen, com seus apoiadores na máquina burocrática, era um aliado de peso. Ele e Erdoğan começaram a trabalhar juntos mais de perto.

e iniciativas desenvolvidas para incentivar o turismo e promover informações sobre o país no exterior.

2013

No fim de maio estouram protestos em defesa do parque Gezi, na praça Taksim, em Istambul, destinado a uma remodelação. O parque é ocupado e outras manifestações irrompem em todo o país contra o governo de Erdoğan, crescendo a tal ponto que se tornam os maiores protestos em massa já vistos na Turquia moderna.

2015

Pela primeira vez um partido progressista de esquerda com uma grande base curda, o Partido Democrático dos Povos (HDP), liderado por Selahattin Demirtaş e Figen Yüksekdağ, chega ao Parlamento. Nos meses seguintes, o país é abalado por uma série de ataques terroristas, entre eles o massacre de Suruç, no qual 31 pessoas perdem a vida, e o massacre de Ancara, ocorrido durante uma manifestação pacífica. É o pior

ataque da história turca, com 109 mortes.

15 de julho de 2016

Tentativa de golpe militar. A teoria do governo do AKP é que ele foi insuflado pelo pregador islâmico Fethullah Gülen, que vive nos Estados Unidos. O governo impõe um estado de sítio que dura dois anos. Além de centenas de prisões, milhares de pessoas são expurgadas em todos os órgãos públicos. Fala-se na reintrodução da pena de morte, abolida em 2004, e diversos jornais e agências de notícias são fechados. Muitas pessoas deixam o país.

2017

Transição do sistema parlamentar para o sistema presidencial. Erdoğan é eleito presidente da República.

2019

Eleições locais: o AKP de Erdoğan perde as municipalidades mais importantes do país, entre elas Istambul – vencida por Ekrem İmamoğlu –, Ancara e Izmir. No início de outubro o Exército turco invade o norte da Síria.

Erdoğan prosperou nos anos seguintes, mas começou a correr o boato de que ele teria pagado um preço muito alto por sua aliança com Gülen. No fim de 2011, fui até os arredores de Ancara me encontrar com Orhan Gazi Ertekin, um juiz da tradição secular; em seu escritório, um retrato de Atatürk estava pendurado na parede e Nina Simone tocava num aparelho de som. Ertekin contou que havia pouco participara de uma convenção para eleger o Conselho Supremo de Juízes e Promotores, entidade encarregada de escolher os juristas que serão nomeados em todo o país. «Eu havia chegado com alguns candidatos em mente e fui preparado para fazer acordos e coalizões», disse. Na convenção, entretanto, ele começou a suspeitar que um grupo de colegas juízes, todos gülenistas, estava conspirando para excluir outros. «No começo, eu tive apenas uma vaga ideia do que estava acontecendo», disse. «Eles estavam usando uma linguagem cifrada.» Depois da votação, Ertekin percebeu que vários novos membros do conselho eram seguidores de Gülen. «Os gülenistas já haviam decidido quem iriam escolher, e não estavam nem aí.»

Ertekin me contou que Gülen controlava o sistema de justiça. «Erdoğan pode obter qualquer coisa da justiça por intermédio de Gülen», disse. «Os gülenistas determinam o resultado de cada julgamento político e econômico de importância.» Ele estava cada vez mais preocupado, mas sentia que era perigoso falar às claras. «Na esfera pública é impossível criticar abertamente os gülenistas», disse.

Eu não sabia até onde deveria levar a sério aquelas afirmações. A tradição secular na Turquia estava minguando e ele podia estar tecendo uma teoria da conspiração para explicar esse declínio. Mas, à medida que eu viajava pela Turquia, ouvia mais histórias desse tipo – de pessoas que levantaram questões sobre as escolas ou sobre

a infiltração gülenista no corpo policial e que foram detidas e encarceradas. Em particular, as pessoas falavam de uma sociedade secreta dentro do Estado, cada vez mais poderosa.

*

Em 1973, Ahmet Keleş, aluno do primeiro ano do ensino médio da cidade de Kırıkkale, na Turquia central, ouviu pela primeira vez a gravação de uma prédica de Gülen. O jovem ficou impactado: Gülen falou com tamanha paixão sobre o Sagrado Profeta que ele começou a chorar. Keleş vinha de uma família pobre – seu pai tocava uma pequena loja de enfeites de mesa – e pela primeira vez sentiu o chamado da fé. «Gülen fazia as pessoas se perguntarem qual era a missão delas como muçulmanas.» Naquele verão, o rapaz viajou até Izmir para conhecer Gülen, que o convidou para participar de seu acampamento de verão, sem ônus. Ele aceitou e voltou nos dois verões seguintes. Quando Keleş concluiu o

> «Um ex-integrante do grupo de Gülen estimou que já no início dos anos 1990 40% do corpo policial da Anatólia Central era composto de seus seguidores, e cerca de 20% dos juízes e promotores também.»

ensino médio, Gülen pediu que ele administrasse um de seus «faróis» – alojamentos estudantis que também funcionavam como centros de discussão religiosa.

Muitos gülenistas, talvez a maioria deles, praticam as ideias ecumênicas do líder com sinceridade. Mas, à medida que foi sendo tragado pelo movimento, Keleş entendeu que existia um propósito não explícito. «O único modo de proteger o islã era infiltrar nossos seguidores no Estado e ocupar todas as instituições governamentais», explicou. «A forma legal de fazer isso seria por meio de eleições, pelo Parlamento. Mas era uma alternativa inviável, porque os militares iriam intervir. O único jeito era recorrer a uma prática ilegal – infiltrar-se no Estado e mudar as instituições de dentro para fora.»

Desde então Keleş deixou o movimento. E contou que, se em público Gülen se mostrava um clérigo humilde e abnegado, na vida privada ele era completamente diferente: vaidoso, megalomaníaco, exigia obediência total. A organização era hierárquica, dividida em sete níveis, com Gülen no topo. Keleş entrou no «nível três», como líder sênior da assembleia. O «nível dois» conduzia operações secretas, sobre as quais ele disse nunca ter sido informado. (Aslandoğan, o administrador do escritório de Gülen em Manhattan, nega que essa descrição corresponda à realidade.)

Em reuniões com o pessoal do nível três, Gülen se referia a seus planos como se ditados por Deus. «Ele nos dizia: 'Encontrei o Profeta na noite passada, e ele me disse para fazer tal e tal'», contou Keleş. «Todo mundo acreditava nele.» De fato, os seguidores de Gülen chegaram a entender seus ensinamentos como uma fé totalmente nova. «Ele começou com o islã, mas criou sua própria teologia. Achávamos que Fethullah Gülen fosse o Messias.» Outros ex-gülenistas relataram quase a mesma coisa. «Ele projeta a imagem de alguém que não se interessa por dinheiro, mulheres ou poder, que só deseja estar próximo de Deus», disse Alpsoy, que seguiu Gülen por dezessete anos e deixou o movimento em 2003. «O objetivo é o poder – infiltrar-se no Estado e mudá-lo de dentro para fora. Mas eles jamais vão admitir. Vão negar tudo.»

Em um sermão gravado no fim dos anos 1990, Gülen exortou seus seguidores a se embrenhar no Estado e esperar o momento certo de se insurgir. «Procedam como se fossem homens da lei», ele disse. «Isso vai permitir que ocupem posições de poder mais vitais e importantes.» Nesse meio-tempo, ele estimulava a paciência e a flexibilidade. «Até que tenhamos poder e autoridade em todas as instituições constitucionais da Turquia, qualquer passo é prematuro», disse. Mas assegurava que, no fim, o trabalho deles iria proporcionar «a garantia de nosso futuro islâmico».

Keleş disse que os principais alvos de infiltração eram a polícia e o Judiciário. Nos departamentos de polícia infiltrados, cada oficial gülenista tinha um codinome e cada unidade era supervisionada por um «imã» externo, cuja autoridade os oficiais consideravam superior à do chefe de polícia. Já

Os trinta anos do golpe na Turquia

no início da década de 1990, Keleş havia se tornado o «imã» do movimento na Anatólia Central, supervisionando quinze cidades. Àquela altura, segundo suas estimativas, 40% do corpo policial da região era composto de seguidores, e cerca de 20% dos juízes e promotores também. «Nós controlávamos as contratações da polícia e os concursos de admissão, e não permitíamos a entrada de ninguém que não fosse gülenista», afirmou.

No início Keleş raramente questionava Gülen, mesmo quando o líder começou com uma conversa sobre dominar o mundo. «O único objetivo do meu pai era que seu filho se tornasse um operário», ele disse. «E lá estava eu com aquele homem planejando controlar o mundo.» Hoje Keleş se admira de sua credulidade, e a atribui, em parte, ao carisma de Gülen. «O limite entre o louco e o gênio é muito tênue – no caso de Gülen, era a mesma coisa», disse. «Seu conhecimento, suas visões teológicas, sua habilidade administrativa... ele é um gênio. Estávamos todos loucos naquela época.»

Dentro do movimento, as pessoas costumavam se submeter a rituais fantásticos, segundo Keleş e Alpsoy. Em um deles, um grupo se reunia em uma sala, agarrava um companheiro, imobilizava seus braços e pernas e tirava sua meia e seu sapato, frequentemente contra sua vontade. «Eles o seguravam no chão, e todos beijavam seus pés», contou Alpsoy. «Testemunhei isso centenas de vezes.» No mundo islâmico, pés e sapatos simbolizam sujeira; em muitos lugares, cruzar as pernas e mostrar a planta dos pés é considerado ofensivo. Esse ritual de beijar os pés, disse Alpsoy, era uma forma de demonstrar um afeto puro. «Se você beija os pés de uma pessoa, é porque a ama de verdade.» Alpsoy nunca beijou os pés de alguém, mas contou que « fizeram isso [com ele] umas três ou quatro vezes».

Às vezes o ritual adquiria outras formas, Keleş lembrou. «Para demonstrar amor por alguém, as pessoas enchem o sapato dela de água e bebem.» (Aslandoğan disse desconhecer tais rituais.) Alpsoy contou que uma vez um homem apareceu em um serviço religioso com um sapato que garantia ter sido usado por Gülen. «As pessoas ficaram tão excitadas que arrancaram o couro do sapato e o ferveram por muito tempo; depois picaram o couro e comeram.» Os membros costumavam brigar pelos restos de comida que Gülen deixava no prato. Um oficial da inteligência turca me contou que um dia uma gülenista recebeu um pacote do marido, que estava morando no complexo da Pensilvânia; dentro dele havia um pedaço de pão que Gülen tinha começado a comer e deixara de lado. «Gülen sabia dessas coisas todas», disse Keleş, «e dava risada.»

Keleş ficou anos no movimento até deixá-lo. A virada aconteceu em 1997, quando Gülen atacou publicamente Necmettin Erbakan, o primeiro islamita a alcançar o cargo de primeiro-ministro da Turquia, instando seus seguidores na mídia a boicotá-lo. Pressionado pelos militares, Erbakan renunciou mais tarde, naquele mesmo ano. «Erbakan e Gülen disseram que desejavam as mesmas coisas – um Estado Islâmico –, no entanto Gülen destruiu Erbakan», disse Keleş. «Para ele, poder era mais importante do que religião.» Pouco depois, Keleş escreveu uma carta a Gülen, enumerando os pontos em que o líder havia se desviado do islã em busca de poder. Foi expulso do

À direita e nas páginas 64 a 66:
Fotografias do Museu Memorial do 15 de Julho em Istambul, tiradas durante a tentativa de golpe em 2016.

Os trinta anos do golpe na Turquia

THE PASSENGER   Dexter Filkins

Os trinta anos do golpe na Turquia

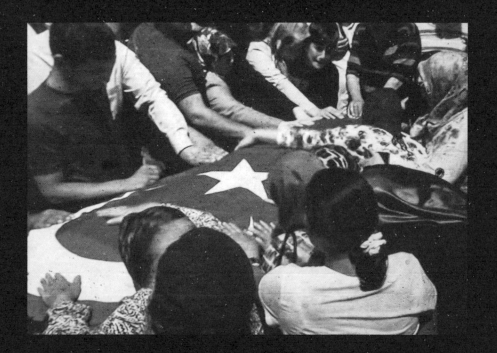

THE PASSENGER   Dexter Filkins

movimento. Só depois de se afastar ele percebeu como já estava isolado. «Acordei no mundo real.»

*

Em 2005, de acordo com um telegrama transmitido pelo diplomata norte-americano Stuart Smith, três membros veteranos da Polícia Nacional turca foram ao consulado dos Estados Unidos em Istambul atrás de um favor para Gülen. Três anos antes, Gülen, exilado nos Poconos, havia solicitado visto permanente, alegando ser um «indivíduo excepcional» que merecia um tratamento diferenciado. Os Estados Unidos recusaram o pedido dizendo que ele não era uma pessoa especialmente notável e havia inflado suas credenciais como estudioso. Os policiais haviam ido ao consulado para fazer pressão. Smith estava cético. Em seu telegrama, divulgado pelo WikiLeaks, ele mencionou o «passado nitidamente radical de um inflamado pregador islamita» e a «obediência e submissão de culto que ele e as fileiras de seu movimento exigem em sua rede mundial de escolas, em seus meios de comunicação e em suas associações empresariais». Se alguém estava sendo perseguido, ele sugeriu, eram os críticos de Gülen. «Dados a infiltração dos gülenistas na Polícia Nacional (TNP) e em muitos meios de comunicação e o histórico deles de perseguição a críticos de Gülen, pessoas que se mostram céticas sobre as intenções do líder sentem-se intimidadas para expressar seus pontos de vista.»

Apesar dessa avaliação oficial americana, Gülen ganhou o recurso, muito porque amigos influentes escreveram cartas de apoio. Entre eles, George Fidas, ex-diretor de relações externas da CIA; Morton Abramowitz, ex-embaixador norte-americano; e, talvez o mais notável, Graham Fuller, ex-oficial sênior da CIA.

Na Turquia, no entanto, a proximidade com a CIA alimentou teorias de que, em seus anos iniciais, Gülen teria recebido apoio da agência americana. Alguns turcos proeminentes disseram que essa ajuda continuou até pelo menos a década de 1990, quando os Estados de maioria muçulmana da antiga União Soviética declararam independência e a rede de Gülen começou a se estabelecer naquela zona. Em 2010, Osman Nuri Gündeş, ex-oficial sênior da inteligência, escreveu em suas memórias que as escolas gülenistas no Uzbequistão e no Quirguistão tinham acolhido até 130 agentes da CIA que se passavam por professores de inglês.

Os militares turcos viam os gülenistas como uma ameaça considerável. Gareth Jenkins, membro do Instituto da Ásia Central e do Cáucaso em Istambul, disse que durante os anos 1990 as Forças Armadas expulsaram centenas de oficiais suspeitos de ligação com Gülen. Em um telegrama divulgado pelo WikiLeaks, um diplomata norte-americano escreveu que oficiais seculares tinham inventado um teste: eles convidavam colegas e suas esposas para festas à beira da piscina, supondo que as mulheres que se recusassem a aparecer em público em trajes de banho deviam ter restrições religiosas. De acordo com o diplomata, as esposas dos gülenistas perceberam a tática e armaram uma reação: passaram a usar biquínis mais ousados que os das anfitriãs. «Quando os inspetores militares começaram a revistar a casa dos oficiais, os gülenistas abasteceram as geladeiras deles com bebidas alcoólicas e plantaram vasilhames vazios na lixeira.»

Os seguidores de Gülen reconheceram que precisavam estar em maior número entre os militares. Emin Şirin, ex-integrante do AKP, me contou que no outono de 1999 ele foi à Pensilvânia e Gülen lhe disse que uma «geração de ouro» de acólitos estava abrindo caminho para chegar às instituições turcas. Se um general mais tolerante fosse nomeado para liderar os militares, disse, isso o «deixaria em paz». Gülen mencionou o general Hilmi Özkok como um candidato conveniente. Em 2002, Özkok foi nomeado chefe do Exército, e a vigilância entre os militares foi afrouxada.

*

Quando Erdoğan iniciou um novo mandato em 2007, o impulso crescente rumo ao islamismo político na Turquia o aproximou de Gülen. Gülen havia dividido o país em sete distritos, cada um com um chefe regional que viajava regularmente para consultá-lo sobre algumas iniciativas. Também Erdoğan enviou representantes de alto escalão à Pensilvânia – «não todo

mês, mas quando precisava de apoio em alguma questão», me disse Jenkins. Às vezes referiam-se a Gülen como o segundo homem mais poderoso do país.

Essa aliança de fortalecimento ajudou Erdoğan a confrontar seus rivais na elite laica e no meio militar. Em 2007, a polícia prendeu as primeiras centenas de pessoas que o governo acusara de formar uma organização secreta dedicada a boicotar aspirações islamitas. Os turcos chamaram essa rede de *derin devlet*, o Estado profundo, e dizia-se que tinha ligações com os militares, a mídia, a universidade e a polícia. Há muito tempo os turcos discutem a extensão e a natureza do *deep state*, mas poucos duvidam que não tenha existido. De acordo com estudiosos e ex-oficiais, tratava-se de uma rede de policiais, soldados e informantes iniciada durante a Guerra Fria, e

DEEP STATE

À diferença do que ocorre em outros países, na Turquia a existência de um Estado paralelo é aceita por praticamente todos e conhecida desde os anos 1970, quando foi confirmada pelo primeiro-ministro Bülent Ecevit (que escapou de uma tentativa de assassinato) e pelo promotor público Doğan Öz (morto por suas descobertas). O país foi um dos primeiros da Otan a dar guarida a estruturas paramilitares subversivas que integravam a rede clandestina de organizações do tipo Stay-Behind e a Operação Gladio, grupos ligados à CIA que pipocaram por toda a Europa Ocidental, incumbidos de coibir a ascensão dos movimentos de esquerda e reverter qualquer potencial vitória deles por meio de lutas violentas. Na Turquia, além de refrearem a propagação do comunismo, as atividades desses grupos lançaram pogroms contra gregos, armênios e judeus

em 1955 (que visaram até o ídolo de futebol Lefter Küçükandonyadis, de etnia grega), assassinaram sindicalistas (massacre da praça Taksim de 1977), alevitas (massacre de Maraş de 1978), jornalistas, intelectuais e um número inestimável de curdos, como também promoveram a escalada contra o islamismo, impopular entre os militares. Foi um evento fortuito em 1996 que desmascarou alguns esquemas do *deep state* (termo cunhado na Turquia) e provocou um escândalo sem precedentes: dentro de um carro envolvido em um acidente de trânsito, foi encontrado, junto ao traficante de heroína e suspeito de terrorismo Abdullah Çatlı, e ao policial Hüseyin Kocadağ – com um passado na organização Contraguerrilha (o braço turco da Operação Gladio) –, Sedat Bucak, o único sobrevivente, um controverso político curdo que estava sendo pago pelo governo para auxiliar na luta contra os curdos separatistas.

que buscava controlar a dissidência interna e desestabilizar governos democraticamente eleitos. Acredita-se que tal rede tenha sido responsável por muitos assassinatos – de islamitas, esquerdistas e sobretudo ativistas curdos.

Quando as prisões começaram, a polícia garantiu ter finalmente se infiltrado no Estado profundo – uma organização secreta chamada Ergenekon, em referência a um local mitológico na Ásia Central às vezes invocado por ultranacionalistas. Pouco depois, a polícia procedeu a uma segunda investigação cujo alvo eram generais turcos de maior prestígio, os quais estariam fomentando um complô chamado Sledgehammer (tradução para o inglês do nome turco Balyoz Harekatı, «marreta») para derrubar o governo de Erdoğan. Os casos investigados se alastraram tanto que envolveram não apenas ex-militares e oficiais da polícia como também professores, jornalistas e pessoas que trabalhavam com ajuda humanitária – o núcleo da oposição à nova ordem islâmica.

De acordo com oficiais turcos e ocidentais, as duas investigações eram comandadas por gülenistas da polícia e do Judiciário. Por anos o *Zaman*, maior jornal do país, e a emissora Samanyolu, ambos administrados por apoiadores de Gülen, aplaudiram as investigações e demonizaram aqueles que questionavam as provas. Erdoğan foi um entusiasta dessa perseguição, dizendo que as investigações eram necessárias para remover a sombra militar da vida pública. «Como e por que alguém tentaria acabar com isso?», disse ele em um discurso para seu partido em 2009. «Nessas acusações há crimes que violam nossa Constituição e nossas leis. Deixem a justiça trabalhar.»

Quando diplomatas e jornalistas independentes começaram a analisar os processos dos complôs, ficou evidente que continham provas fabricadas.

Ao investigar esses dois casos, encontrei exemplos inequívocos de falsificação. A evidência da chamada conspiração Sledgehammer constava de uma série de discos rígidos com esquemas ostensivos de um abrangente golpe militar. Mas, enquanto os promotores garantiam que o plano tinha sido traçado em 2003, a maior parte dele estava digitada em uma versão do Microsoft Office só lançada em 2007. Da mesma forma, muitos detalhes – números de placas de carros que seriam sequestrados, um hospital que seria ocupado – referiam-se a alvos que não existiam em 2003.

Cerca de seiscentas pessoas foram condenadas nos julgamentos do Ergenekon e do Sledgehammer, entre elas diversos generais seniores turcos e muitos jornalistas importantes. Aproximadamente duzentas pessoas receberam sentenças longas de prisão, muitas delas em casos presididos por juízes tidos como leais a Gülen. Depois dos julgamentos, a elite secular ficou totalmente corrompida. Isso transformou Erdoğan e Gülen nas forças mais poderosas do país, e logo eles começaram a se voltar um contra o outro. O Judiciário, estimulado pelos casos Ergenekon e Sledgehammer, prosseguiu com as investigações até chegar muito perto de Erdoğan. Nos primeiros meses de 2012, a polícia expediu uma intimação para Hakan Fidan, chefe da inteligência nacional e confidente do primeiro-ministro, e prendeu İlker Başbuğ, o mais alto militar do país. «Eles achavam que podiam prender *qualquer um*», disse Gareth Jenkins. Erdoğan respondeu de uma maneira que pareceu pensada para tolher os gülenistas: começou a fechar suas escolas – fonte de renda essencial – e a trabalhar para obter o controle da polícia. «Para Erdoğan, era uma declaração de guerra», disse Jenkins.

*

Na noite de 1º de janeiro de 2013, um avião de carga vindo de Accra, Gana, e que se dirigia ao aeroporto internacional de Sabiha Gökçen, em Istambul, precisou mudar de rota por causa da neblina e aterrissou no aeroporto Atatürk, também em Istambul. Quando o avião pousou, agentes da alfândega descobriram que uma remessa identificada como «amostras minerais» na verdade continha mais de 1.360 quilos de barras de ouro. O ouro tinha como destino final Teerã e pertencia a Reza Zarrab, empresário turco-iraniano de 29 anos, amigo de alguns dos mais poderosos políticos turcos. Depois de escutas no telefone do empresário, investigadores turcos concluíram que ele transportava quantidades exorbitantes de ouro para o Irã como parte de um esquema de ajuda ao país, para que o governo escapasse de sanções econômicas. Mais tarde Zarrab disse que no auge da operação ele movimentava 900 quilos de ouro por dia.

A princípio parecia que o caso tinha poucas implicações na Turquia. «Nós não esperávamos que essa pequena investigação fosse abrir caminho para uma maior», me disse Nazmi Ardıç, chefe da unidade de crime organizado do departamento de polícia de Istambul. Então os investigadores ouviram conversas grampeadas que sugeriam que Zarrab estava subornando oficiais do governo Erdoğan. Em poucos dias, disse Ardıç, a polícia e os promotores concluíram que o empresário havia pagado milhões de dólares para pelo menos quatro ministros do gabinete turco. De acordo com documentos arquivados no Tribunal Distrital Norte-Americano em Manhattan, o ministro da Economia, Zafer Çağlayan, aceitou mais de 45 milhões de dólares em espécie, joias e artigos de luxo. Quando os policiais entraram na casa de Süleyman Aslan, CEO do banco Halk, que Zarrab usou

para lavar dinheiro, eles encontraram 4,5 milhões de dólares em espécie dentro de caixas de sapato.

As acusações de suborno eletrizaram a Turquia. Zarrab, centro das investigações, parecia nascido para os tabloides. Jovem especulador arrivista e arrogante, farta cabeleira escura, era casado com uma das maiores pop stars do país, Ebru Gündeş. Também era próximo a Erdoğan: postava-se ao lado dele em eventos públicos e doara 4,6 milhões de dólares para instituições de caridade administradas pela mulher de Erdoğan, Emine. As acusações surgiram numa época em que Erdoğan estava particularmente sob ataque e cada vez mais agressivo. Na primavera de 2013, a polícia dispersou uma manifestação pacífica no parque Gezi, em Istambul, provocando protestos inflamados que levaram milhares de pessoas às ruas. Erdoğan deu carta branca à polícia; onze pessoas morreram e mais de 8 mil ficaram feridas. Naquele ano, mais de cem jornalistas foram demitidos por críticas a Erdoğan.

Em 17 de dezembro de 2013, a polícia prendeu Zarrab e outras 88 pessoas, entre elas 43 oficiais do governo. Embora nenhum ministro de Erdoğan tenha sido encarcerado, foram detidos filhos de três deles, sob a acusação de serem canais de facilitação de suborno. O filho de Erdoğan, Bilal, também entrou na mira depois que um grampo registrou uma suposta conversa entre ele e o pai. Erdoğan insistiu que era uma gravação adulterada, mas ela circulou amplamente nas mídias sociais e os turcos admitiram reconhecer sua voz.

Tayyip Erdoğan: Dezoito pessoas estão tendo suas casas revistadas neste momento, nessa grande operação contra a corrupção... Então estou dizendo: seja lá o que você tiver em casa, tire daí, certo?

Bilal: Pai, e o que é que eu posso ter em casa? Tem o seu dinheiro no cofre.

JORNALISTAS NA PRISÃO

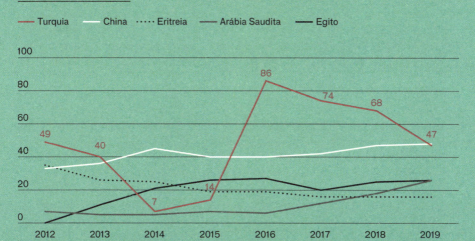

FONTE: COMITÊ PARA A PROTEÇÃO DOS JORNALISTAS

EXPURGOS PÓS-GOLPE

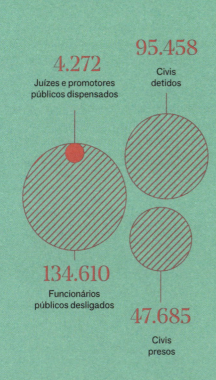

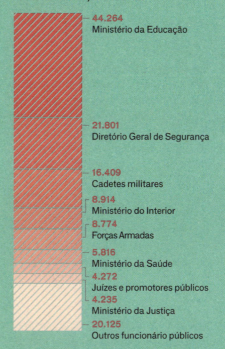

Professores, profissionais da saúde, juízes e promotores públicos somam 40% de todos os funcionários públicos dispensados após o golpe frustrado de 15 de julho de 2016.

FONTE: TURKEY PURGE

Os trinta anos do golpe na Turquia

Tayyip: Sim, é disso que estou falando.

Pouco tempo depois os dois aparentemente conversaram de novo.

Tayyip: Você se livrou de tudo ou...?

Bilal: Não, de tudo não, pai. Tem uns 30 milhões de euros ainda que não conseguimos despachar.

Alguns oficiais ocidentais entenderam a investigação como uma tentativa gülenista de derrubar o governo de Erdoğan, mas a evidência parecia confiável. À medida que a investigação ganhava corpo, quatro ministros renunciaram. Um deles, Erdoğan Bayraktar, instou Erdoğan a deixar o cargo, dizendo «O primeiro-ministro também deve renunciar».

Em vez disso, Erdoğan deu o troco. Acusou a investigação de ser um «golpe judicial» e decretou uma reorganização generalizada do sistema de justiça criminal do país, removendo milhares de policiais, promotores e juízes ligados ao caso de Zarrab. Ardıç, o chefe de polícia que encabeçou a investigação, foi afastado do caso e depois preso. Por fim, as acusações de propina foram retiradas.

Em discursos, Erdoğan começou a atacar seu ex-aliado, falando de uma «estrutura paralela» que procurava governar a Turquia. «Ó Grande Professor, se você não fez nada de errado, não fique na Pensilvânia», disse em um comício em fevereiro de 2014. «Se a Turquia é sua terra natal, volte para ela, volte para a sua terra natal. Se quiser se envolver na política, vá em frente, siga para as praças públicas e faça política. Mas não brinque com este país, não roube sua paz... A estrutura paralela está envolvida em uma grande traição.»

*

Depois que o caso da propina foi por terra, Erdoğan não deu trégua aos gülenistas. Milhares de funcionários públicos suspeitos de ligações com Gülen foram afastados, empresas gülenistas foram alvo de batidas policiais. Líderes veteranos do movimento começaram a fugir do país.

No Natal de 2015, a inteligência turca quebrou o sigilo de um aplicativo de mensagens criptografado chamado ByLock, uma rede aparentemente caseira com 200 mil usuários. De acordo com oficiais turcos, ela foi criada pouco depois que Erdoğan começou a expurgar do governo os gülenistas suspeitos. Quando a rede foi descoberta, seu servidor, localizado na Lituânia, logo caiu, e os usuários passaram a usar o Eagle, outro aplicativo de mensagens criptografado. «Eles entraram para a clandestinidade», um funcionário do governo turco me disse. Os serviços secretos afirmam ter conseguido descriptografar as mensagens, e um deles me revelou que «Toda conversa era sobre a comunidade de Gülen». Ao cruzarem os nomes dos usuários do ByLock com registros do governo, eles descobriram que pelo menos 40 mil eram funcionários civis, sobretudo do Judiciário e do departamento de polícia. Em maio de 2016, dois meses antes do golpe, o governo começou a suspendê-los.

Em julho, o departamento de inteligência notificou os militares de que também

haviam identificado, entre os usuários do ByLock, seiscentos oficiais do Exército, muitos deles do alto escalão. Oficiais militares começaram a planejar sua expulsão em um encontro de generais seniores que fora marcado para o início do mês seguinte. «Acreditamos que o golpe ocorreu em julho porque eles precisavam avançar uma casa antes do xeque-mate», me disse Ibrahim Kalın, assessor de Erdoğan.

Os detalhes do golpe frustrado são turvos e, com frequência, contraditórios, mas parece evidente que a tentativa foi organizada às pressas. Diversos soldados detidos revelaram que o golpe deveria ter começado seis horas depois, às três da manhã, mas que foi adiantado por razões que não ficaram claras. Quando os oficiais correram para assumir o controle, nenhum líder tomou a frente. Em alguns casos, as tropas que haviam recebido ordens de comandantes insurgentes aparentemente não tinham percebido que estavam participando de uma operação para derrubar o governo e, quando se deram conta disso, se recusaram a seguir adiante. De fato, ao que parece os conspiradores atrelaram a operação a capturar ou assassinar Erdoğan, e a convencer o general Akar a se juntar a eles. «Se essas coisas tivessem acontecido, o golpe teria tido êxito», disse Kalın. Mas não foi possível convencer nenhum general mais veterano das Forças Armadas turcas a participar, o que pode ter deixado os conspiradores sem um líder militar. Às quatro da manhã, eles estavam fugindo para salvar o pescoço.

«A operação foi cancelada, Murat?», perguntou um oficial em uma mensagem de texto.

«Sim, comandante», respondeu o major Çelebioğlu. Quando outro perguntou se era o caso de organizar uma fuga, o major respondeu: «Dê um jeito de ficar vivo, comandante. A escolha é sua».

Depois do golpe, várias declarações supostamente feitas por golpistas foram enviadas à imprensa. Era impossível comprová-las. A maior parte delas parecia ter sido extraída à força, e nenhum rebelde falou publicamente. Circularam fotografias desses oficiais; diversos apresentavam ferimentos no rosto, o que sugere terem sido espancados.

Dois diplomatas ocidentais que falaram sob a condição de anonimato me disseram que julgavam prováveis, se não totalmente convincentes, as acusações do governo contra os seguidores de Gülen. Um deles afirmou: «Sem dúvida, os gülenistas desempenharam um papel considerável. Mas também havia entre eles oportunistas contrários a Erdoğan». Muitas pessoas nas Forças Armadas e na sociedade civil turca estavam furiosas com o crescente autoritarismo de Erdoğan. O brigadeiro-general Gökhan Sönmezateş, um dos conspiradores que foram a Marmaris prender Erdoğan, disse em uma confissão: «Não sou gülenista de forma nenhuma». Mas, quando um dos conspiradores lhe telefonou de uma linha segura a fim de recrutá-lo, Sönmezateş achou que as coisas no país estavam tão ruins que concordou em ir em frente. Alguns ex-oficiais norte-americanos disseram ser provável que os gülenistas tivessem tido um papel de liderança no golpe. Depois do expurgo da década anterior, nenhum grupo no Exército era grande ou coeso o suficiente.

O governo de Erdoğan forneceu aos Estados Unidos dezenas de milhares de páginas de documentos que retraçavam a história dos gülenistas na Turquia. De acordo com oficiais norte-americanos, pouco ou nada do que consta ali é relevante para o envolvimento direto de Gülen no golpe. O general Akar, chefe do Estado-Maior, declarou que, enquanto era mantido prisioneiro, um dos conspiradores mais veteranos lhe disse: «Se desejar, podemos pôr o senhor em contato com o nosso formador de opinião, Fethullah Gülen». Um diplomata ocidental que acompanhou a carreira de Akar me disse: «Desde que assumiu seu posto, Akar tem sido um sujeito definido pela integridade».

O relato mais convincente veio do tenente-coronel Levent Türkkan, um dos oficiais que mantiveram Akar preso. Em sua confissão, ele apontou dezessete colegas como gülenistas, inclusive o assessor pessoal de Erdoğan, coronel Ali Yazıcı. (Aslandoğan contesta o testemunho de Türkkan, mas diz que não pode se pronunciar sobre declarações específicas.)

Em 2011, Türkkan havia sido promovido e se tornara assessor do general Necdet Özel, comandante do Exército turco. «Comecei a executar tarefas determinadas pela seita», disse. Durante quatro anos, ele plantava todos os dias um pequeno «aparelho de escuta» no escritório de Özel e o removia todas as noites. «A bateria durava um dia», disse. «Eu levava o aparelho para meu 'irmão de seita' uma vez por semana e pegava outro vazio com ele.» Na noite anterior ao golpe, disse Türkkan, um coronel gülenista o convidou para fumar um cigarro na área externa. Assim que ficaram sozinhos, o coronel lhe expôs um plano. «O presidente, o primeiro-ministro, os ministros, o chefe do Estado-Maior, outros chefes de gabinete e generais serão capturados um por um. Tudo será feito discretamente.» A tarefa de Türkkan era encontrar Akar e «apaziguá-lo». Perturbado, Türkkan foi falar com seu «irmão» no movimento gülenista, que morava em uma casa perto de um posto de gasolina. Ele não estava lá, mas outros homens estavam e confirmaram a operação.

Depois do golpe, Türkkan sofreu muito. Em uma fotografia publicada junto com um testemunho seu, ele aparece com um avental hospitalar, o rosto claramente inchado, o peito e as mãos envoltos em bandagens. Em sua confissão, ele se mostrou amargamente arrependido. «Quando ficamos sabendo pela TV que o Parlamento estava sendo bombardeado e que civis estavam morrendo, comecei a me arrepender», disse. «Aquilo era praticamente um massacre. E fizemos isso em nome de um movimento que eu acreditava seguir a vontade de Deus.»

*

Três semanas depois do golpe, Erdoğan, dirigindo-se a um grupo de oficiais de Ancara, se desculpou por ter se aliado a Gülen no passado. «Nós ajudamos de bom grado essa organização», disse. Erdoğan acrescentou ter confiado em Gülen por causa de seu aparente respeito à educação e pelo trabalho humanitário do movimento. «Lamento ter falhado em revelar há muito mais tempo a verdadeira face dessa organização traidora.»

Para Erdoğan, no entanto, a retaliação sempre veio mais facilmente do que a retratação. O estado de sítio que ele declarou depois do golpe lhe conferiu poderes ditatoriais, que ele usou para implantar medidas enérgicas muito mais abrangentes do que aquelas iniciadas com os gülenistas, e que passaram a atingir qualquer pessoa suspeita de ser uma ameaça à crescente expansão da autoridade

À direita: Uma mulher se prepara para entrar no Museu Memorial do 15 de Julho em Istambul, localizado a poucos metros da primeira ponte sobre o Bósforo.

Os trinta anos do golpe na Turquia

> «Para Erdoğan, a retaliação sempre veio mais facilmente do que a retratação. O estado de sítio que ele declarou depois do golpe lhe conferiu poderes ditatoriais, que ele usou para implantar medidas enérgicas muito mais abrangentes.»

de Erdoğan. Os números são chocantes: 40 mil pessoas detidas e uma quantidade enorme de outras desligadas dos empregos, entre as quais 21 mil policiais, 3 mil juízes e promotores, 21 mil funcionários de escolas públicas, 1,5 mil reitores de universidades e 1,5 mil funcionários do Ministério da Fazenda. Seis mil soldados foram detidos. O governo também fechou mil escolas afiliadas a Gülen e suspendeu 21 mil professores.

É difícil saber se as pessoas visadas eram seguidores fervorosos de Gülen ou simpatizantes, ou se não tinham relação alguma com o movimento. A crítica aberta a Erdoğan foi quase inteiramente silenciada, seja pelo apoio efusivo que se seguiu ao golpe, seja por medo da prisão. Erdoğan fechou mais de 130 veículos de comunicação e prendeu pelo menos 43 jornalistas, e o expurgo prosseguiu por meses. «O culto gülenista é uma organização criminosa, e das grandes», me disse Kalın, assessor do presidente. «Sabe, mais de 11 mil pessoas participaram do golpe, de acordo com nossas estimativas atuais. Iremos atrás de qualquer um que tenha ligação com esse culto gülenista, seja onde for, no Judiciário, no setor privado, nos jornais e em outras esferas.»

A ironia da tentativa de golpe é que Erdoğan saiu dela mais fortalecido do que nunca. A revolta popular que barrou a conspiração foi liderada, em muitos casos, por pessoas que gostavam de Erdoğan apenas um pouco mais do que da perspectiva de um regime militar. O resultado, porém, foi dar a Erdoğan e a seu partido a possibilidade de governar, com autoridade quase absoluta, por quanto tempo ele desejasse. «Mesmo antes da tentativa de golpe, já estávamos preocupados com o avanço do governo e do presidente em direção a uma política concebida para consolidar uma vantagem competitiva – assegurar-se de que haveria um governo de um só partido, e para sempre», disse outro diplomata ocidental.

*

No dia seguinte ao golpe, Gülen saiu de sua reclusão. Falou com jornalistas reunidos em sua propriedade e negou qualquer envolvimento. Enquanto assistia à detenção em massa de seus seguidores – e se tornava um pária nacional –, soltou uma farpa. Disse que Erdoğan tinha encenado o golpe e que ninguém fora da Turquia acreditava que Gülen fosse o responsável por ele. Em um sermão gravado dias depois, disse a seus seguidores: «Deixem um bando de idiotas achar que tiveram êxito, deixem que comemorem, deixem que declarem sua patética situação como uma celebração; o mundo está zombando dessa situação, e é assim que ela ficará registrada nos livros de história. Sejam pacientes. A vitória chegará».

Gülen está velho e debilitado; parece improvável que seja capaz de se manter em combate por muito mais tempo. Ao

ESCOLAS ISLÂMICAS DE IMÃS E HATİP

A par das escolas particulares de Gülen, a Turquia também oferece educação religiosa financiada pelo Estado, originalmente destinada a formar imãs e hatip (pregadores). Depois que Atatürk fechou todas as madraças, nos anos 1950, foi reintroduzida uma modalidade de educação islâmica para quem quisesse continuar seus estudos teológicos. Essas escolas tornaram-se cada vez mais influentes e se espalharam, sobretudo desde que o AKP chegou ao poder. Em sua controversa reforma escolar de 2012 (com medidas para excluir do currículo a teoria da evolução darwinista e criar uma sala de oração em cada escola), o governo facilitou as coisas para as instituições religiosas, conferindo-lhes status comparável ao das escolas de ensino médio e transformando setecentas unidades de ensino fundamental em imam hatip, o que provocou protestos de muitos pais. O número de estudantes cresceu de 4.200 em 1961 para 229 mil em 1985, e 511 mil em 1997. A partir de então uma queda se seguiu às reformas exigidas pelos militares, que forçaram o primeiro-ministro Erbakan a renunciar. No governo Erdoğan, ele próprio ex-aluno de uma imam hatip, as matrículas explodiram, chegando a quase 1,5 milhão. Nessas escolas, as classes são divididas por sexo – as garotas usam véu e a principal língua estrangeira é o árabe, e assim um grande número de pessoas têm condições de ler o Alcorão. Embora nem o imã nem a congregação falem árabe, ela é a língua das orações e das leituras em muitas mesquitas, sobretudo nas províncias, já que os mais ortodoxos não aceitam as traduções de textos religiosos, acreditando que a versão verdadeira é apenas aquela ditada para Maomé pelo arcanjo Gabriel, em árabe.

ouvir seu sermão, lembrei de nosso encontro em 2015. Já naquela ocasião, seu movimento estava se desmantelando, seus seguidores debandavam. Perguntei como ele achava que seria lembrado, e ele me deu uma resposta que nunca ouvi de nenhum líder político ou religioso. «Pode lhe parecer estranho, mas desejo ser esquecido quando morrer», disse. «Desejo que meu túmulo não seja identificado. Desejo morrer na solidão, sem que ninguém fique de fato ciente da minha morte e que, portanto, ninguém conduza uma oração fúnebre em minha homenagem. Desejo que ninguém se lembre de mim.»

Negócios à la turca

Um retrato da economia turca: impulsionada por um espírito empreendedor inato e pelo grande sonho da riqueza instantânea, a economia se vê forçada a operar em um ambiente político propenso à instabilidade.

ALEV SCOTT

Estátua de cera do empresário turco Rahmi Mustafa Koç, incluído em 2016 na lista da *Forbes* das mil pessoas mais ricas do mundo; há muitos anos ele é presidente da holding Koç, o maior conglomerado industrial da Turquia.

Depois da corrida do ouro de 1849 na Califórnia, um novo sonho americano surgiu. Ao contrário do antigo *éthos* puritano que incentivava as pessoas a acumular uma riqueza modesta ano após ano, agora o escopo era «o sonho da riqueza instantânea, alcançada num piscar de olhos graças à audácia e à sorte», como descreveu o historiador H.W. Brands.

Não houve corrida do ouro na Turquia, mas existem infinitas oportunidades de negócios e pessoas ávidas e audaciosas o bastante para aproveitá-las em uma economia perversamente afeta a altos e baixos. O período entre 2010 e 2020 foi particularmente expressivo; em 2012, o número de milionários em liras turcas no país cresceu de 7 mil pessoas para mais de 50 mil. Em 2018, quando a lira despencou, desvalorizando 45% em relação ao dólar, o número de bilionários caiu de 35 para 22 indivíduos. Ao longo de praticamente o mesmo período de seis anos, o desemprego cresceu de 8% para 14%.

Enquanto isso, a classe média turca, avessa ao risco, honrou a tradição de acumular ouro debaixo do colchão para um eventual aperto; de tempos em tempos, o governo embarca em uma campanha para convencer as pessoas a confiar nos bancos. A renda nacional proveniente do turismo e de investimentos estrangeiros varia conforme os ataques terroristas, os golpes ou as tentativas de golpe que ocorrem a cada década, além de uma taxa de câmbio furiosamente imprevisível. A estabilidade nacional e pessoal é fortuita, para dizer o mínimo, o que talvez explique o obstinado «sonho da riqueza instantânea, alcançada num piscar de olhos graças à audácia e à sorte», sempre vivo no espírito eternamente empreendedor da nação.

Quando aqueles que sonham grande são bem-sucedidos, o êxito os transforma em celebridades – um exemplo fragoroso da passagem da pobreza ao luxo talvez seja o cantor curdo de pop arabesk İbrahim Tatlıses (*tatlıses* quer dizer «voz doce»), e ao que tudo indica um chefão de máfia, que construiu um império de negócios a partir do zero. Ele ilustra de modo hiperbólico o potencial do empreendedorismo turco: ex-operário da construção civil com baixa escolaridade e ambição desenfreada, pertencente a um grupo minoritário, tomou decisões perspicazes e soube usar sua fama no meio musical para criar, num voo solo, um conglomerado de negócios. «Ibo» é um ícone, amado por suas músicas despudoradamente sentimentais e reverenciado por sua riqueza e influência, que também lhe renderam inimigos poderosos – em 2011, quando já havia sofrido duas tentativas de assassinato, ele foi baleado na cabeça. Sobreviveu.

Além de vender milhões de discos tanto em curdo como em turco, Tatlıses atuou em inúmeros filmes e conduziu um programa semanal de entrevistas na TV. Em Urfa, sua cidade natal, fãs se aglomeram no Museu İbrahim Tatlıses para contemplar com adoração bonecos de cera do grande homem. Seus negócios são diversificados, e os mais famosos são uma rede de kebab e uma empresa de ônibus que dominam

ALEV SCOTT nasceu em Londres, filha de mãe turca e pai inglês. Antes de ser expulsa da Turquia em 2016, foi correspondente de várias publicações em Istambul, entre elas *The Guardian, Politico e Newsweek*. Seu primeiro livro, *Turkish Awakening* (Faber and Faber, edição revista em 2015), fala de sua descoberta da Turquia e das contradições do país, com um relato dos protestos que abalaram o país em 2013, enquanto *Ottoman Odyssey: Travels through a Lost Empire* (Riverrun, 2018) explora a história e os limites do Império Otomano.

> **«Dinastias que passam suas riquezas de pais para filhos são endeusadas na sociedade turca; são poucas mas poderosas, e todo mundo as conhece.»**

a região sudeste da Turquia, coalhada de fãs do cantor. Ibo, cujos interesses estão centrados em obras de construção civil no Curdistão iraquiano, concorreu sem sucesso ao Parlamento nas eleições gerais turcas de 2007. Ainda assim, conta com apoio político quando necessário – após a tentativa de assassinato que sofreu em 2011, o então primeiro-ministro Erdoğan o visitou no hospital antes de ele ser levado às pressas à Alemanha, onde foi tratado.

Pode parecer que Tatlıses tenha superado obstáculos extremos para obter êxito, e de certo modo isso é verdade – sem dúvida no caso dos disparos do assassino. No entanto, sua origem curda e a baixa escolaridade foram, de alguma forma, fundamentais para a construção da imagem de um homem com o qual milhares de trabalhadores turcos e curdos poderiam se identificar. Ele é um raro exemplo de celebridade que se nutre da identidade curda. De 1989 a 1991, suas apresentações públicas e gravações em curdo foram censuradas – quando ele estourou de novo no rádio em 1991, foi um retorno triunfal, quase uma vitória pessoal. Ele representa uma fatia da população que o reconhece como um dos seus, mas tem sido cuidadoso em não se identificar demasiadamente como curdo. Ele canta em turco e também é muito popular no mundo árabe e no Irã. A música tem sido o principal veículo de sua fama nacional e regional.

Tatlıses é um lembrete notável para os turcos de que é possível conseguir tudo. Longe de desabonar a seriedade de seus negócios, sua persona de cantor popular estimulou esses projetos comerciais. Na Europa, e ainda mais nos Estados Unidos, celebridades vendem perfumes e produzem roupas de grife. Na Turquia, elas vendem kebabs e passagens de ônibus. Como em nenhum outro lugar, o sucesso não é matizado nem compartimentado: é alcançável e desejável em todas as roupagens e combinações.

Nem todos os turcos são sonhadores ambiciosos como Tatlıses, mas existe um forte *éthos* familiar que inspira muitos deles não apenas a ajudar seus parentes imediatos, mas a acumular riqueza para gerações futuras. Dinastias que passam suas riquezas de pais para filhos são endeusadas na sociedade turca; são poucas mas poderosas, e todo mundo as conhece.

Nos anos 1920, duas grandes empresas familiares criaram raízes: a holding dos Koç e a dos Sabancı, que hoje parecem estar por trás da maior parte das empresas turcas. Ambas dominam sobretudo os setores de construção civil, energia e finanças; ambas fundaram universidades de prestígio e administram museus particulares de renome mundial com um espírito de rivalidade camarada. Os empresários que as fundaram têm origem humilde, ambos: Hacı Ömer Sabancı trabalhou recebendo quase nada na colheita de algodão no início dos anos 1920, enquanto Vehbi Koç vendeu verduras em 1917, e mais tarde melhorou de vida auxiliado pela aquisição que seu pai fez de um antigo vinhedo de propriedade armênia apreendido pelo Estado turco. Os dois patriarcas construíram impérios tão poderosos que hoje seus netos são bilionários com cargos altos em suas respectivas empresas. Nenhum desses homens ou

Negócios à la turca

mulheres, ou seus filhos, jamais precisará trabalhar, mas seu papel de manter o legado da empresa familiar é simbolicamente tão importante quanto o de qualquer família turca trabalhadora.

As famílias Koç e Sabancı tiveram um século para acumular e consolidar seu poder capital e social. Aquelas que entraram no jogo mais tarde não tiveram tanta sorte, e hoje poucas empresas familiares são capazes de obter tal êxito, a não ser que tenham as conexões políticas certas. A família Doğan, que fundou sua empresa em 1980, foi multada em 4,8 bilhões de liras turcas em 2009 (quase 3 bilhões de dólares na época) por «irregularidades» tributárias. Essa é a acusação-padrão das autoridades a indivíduos ou organizações que caíram em desgraça por algum outro motivo, e é um jeito conveniente de punir uma empresa muito bem-sucedida. A vocação laica dos meios de comunicação de Doğan, como o jornal *Hürriyet* e a CNN Türk, passou por escrutínio depois da tentativa do golpe militar de 2016 e do cerco governamental a quaisquer vozes opositoras; em 2018 seu grupo de mídia foi vendido para a holding Demirören, proprietária de jornais pró-governo, e Doğan se juntou às fileiras de veículos de comunicação censurados num panorama midiático cada vez mais sombrio.

Ainda que em meio à flutuação econômica, o espírito empreendedor natural da Turquia vem persistindo desde o início do século XXI – a maioria dos visitantes logo percebe essa agitação quando chega a Istambul. Todo mundo quer um império para chamar de seu, qualquer que seja ele. De pequenas lojas de kebab a grandes consórcios bancários, há uma energia e um ímpeto empresarial que já não se veem no Ocidente. A Turquia é um país de 82 milhões de habitantes, mais acostumados do que a maioria a crises econômicas; os anos recentes, porém, testaram até mesmo

o estoicismo dos turcos, que tradicionalmente não entregam os pontos.

Desde que irromperam os protestos do parque Gezi no fim de maio de 2013, a economia turca tem se mostrado particularmente imprevisível. Ataques terroristas do Estado Islâmico e de grupos militantes do PKK curdo pioraram a situação. Mas foram os efeitos da tentativa de golpe de julho de 2016 que mais afetaram os indivíduos e os negócios – depois houve o célebre colapso da lira em 2018, acompanhado por uma alta de 24% na taxa de juros (cinco anos antes – os protestos do parque Gezi ainda não haviam ocorrido –, a taxa era de apenas 4,5%). Portanto talvez não seja surpreendente que os turcos, depois, tenham se inclinado a acumular ouro como medida de segurança. O tradicional hábito de armazenar capital tangível, que pode ser convertido em espécie em caso de emergência, é alimentado pela desconfiança no sistema convencional bancário depois de décadas de imprevisibilidade econômica como fruto de hiperinflação e instabilidade política – muito além do que da década de flutuação mais recente. Essa desconfiança atingiu o auge em 2001, quando a inflação superou os 70%. Mas o ouro, sobretudo, é indissociável da cultura turca – em casamentos, nascimentos e cerimônias de circuncisão, os presentes são sempre oferecidos na forma de moedas ou joias de ouro, que são guardadas para a futura vida em família. Eu mesma descobri a importância do ouro por meio de uma experiência desastrada, ao comparecer a um casamento tradicional turco com um presente comum, em vez da necessária moeda de ouro. Para meu horror,

À direita: Um empresário apressado em uma rua de Istambul.

os noivos estavam postados junto à porta de saída, despedindo-se dos convidados com sorrisos beatíficos e segurando uma grande bolsa para recolher as moedas de ouro. Com meu miserável porta-retratos nas mãos, não suportei a ideia de entrar na fila e me vi fugindo para o estacionamento de serviço no andar de cima em um elevador de vidro, provavelmente à vista de todos os convidados que faziam fila logo abaixo.

Muitos turcos são pessimistas em relação ao futuro, mesmo em épocas de crescimento, e muitos se sentiram justificados com a recessão de 2018. Dito isso, o fato é que a economia turca apresenta enorme potencial de crescimento, fortalecido, ao longo da última década, pela mudança que as pessoas têm feito em seus hábitos de consumo. Os bancos anunciam seus cartões de crédito como se vendessem doces – deliciosos, inofensivos, à mão –, e muitas pessoas mordem a isca. O turco médio exibe uma coleção de cartões de crédito impactante quando abre a carteira para pagar o almoço de um amigo – uma coleção que ainda sugere riqueza e não dívidas. Na verdade, é tão veloz a proliferação de cartões de crédito que o governo precisou intervir para evitar que os bancos continuassem fazendo propagandas agressivas. Em julho de 2013, Erdoğan pronunciou estas sábias palavras: «Esses cartões, não se metam com eles. Se todo mundo gastar tudo que [os bancos] querem, as pessoas nunca vão ser capazes de ganhar o que precisam [para pagar]. Eles nunca ficam saciados».

Os turcos foram inundados com ofertas de mais e mais alternativas para conquistar sonhos antes inalcançáveis, e até a recessão de 2018 quase tudo era anunciado em promoção, com prestações mensais e até

O FLUXO DE TURISTAS

Mudança (em %) da origem dos turistas que vão a Istambul e Antália, oitavo e décimo (respectivamente) destinos mais visitados do mundo por noites de estadia.

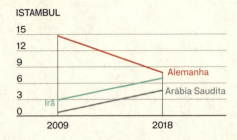

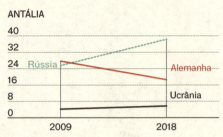

FONTE: ÍNDICE MUNDIAL MASTERCARD DE CIDADES DE DESTINO 2019

trimestrais. No auge da crise de agosto de 2018, o governo interveio e os prazos de quitação dos *taksit*, ou programas de parcelamento, foram firmemente restringidos; alguns bens, como joias, alimentos e combustível, ficaram de fora. No entanto, pagamentos estendidos ainda são um atrativo para quem vai à Turquia em busca do turismo não tradicional. Desde 2010 o número de turistas homens que visitam o país para se submeter a transplantes capilares teve um crescimento notável – em geral eles vão em dupla e podem ser vistos circulando pelas ruas da região comercial com chapéus iguais ou faixas de cabeça pós-operatórias. A maioria das clínicas oferece em seus sites opções de crédito para esses tratamentos, com links direcionados a determinados bancos parceiros, libaneses e suíços. Algumas empresas disponibilizam pacotes com promoções especiais que incluem transplante capilar e passeios turísticos tradicionais. O enorme negócio do turismo médico na Turquia atrai sobretudo árabes, que combinam seus procedimentos estéticos com um fim de semana de esqui ou alguns dias perambulando pela Mesquita Azul e pela Hagia Sophia. Uma curiosa especialidade estética é o transplante de bigode – os árabes são os maiores entusiastas, talvez inspirados na vasta bigodeira de celebridades como İbrahim Tatlıses.

Enquanto a lira enfraquecida pós-2018 tem atraído turistas que aproveitam o câmbio baixo, os turistas americanos e europeus escassearam depois dos protestos do parque Gezi, em 2013, e principalmente depois dos ataques do EI em 2015 e 2016. Por outro lado, ocorreu um aumento inverso de turistas árabes, que desembarcam aos milhões e seguem direto para sítios históricos e museus dedicados à romântica herança otomana da Turquia.

Há uma atitude de evidente *laissez-faire* em relação aos negócios no país e uma linha tênue separa amigos de parceiros de negócios – existe nepotismo de sobra, uma forma alternativa de sustentar a cultura de negócios familiares. Mais inquietante é a total normalização do laxismo nos pagamentos, embora ele tenha se tornado menos comum depois que as taxas de juros foram às alturas e que se podia obter o mesmo lucro simplesmente sentando-se sobre dinheiro pelo maior tempo possível. O bisavô russo de um amigo tinha sido confeiteiro do czar no início do século XX; ele emigrou para a Turquia e montou uma padaria atacadista que, até os anos 1990, costumava abastecer alguns dos principais supermercados do país. No fim, o negócio da família foi vendido porque eles não conseguiam lidar com os problemas de fluxo de caixa causados pelo atraso de pagamentos. Os credores eram companhias com faturamento de muitos milhões de liras, que agiam como qualquer vendinha da esquina.

O estilo dos negócios turcos é bastante direto. Quem quiser negociar com alguém, ou telefona para o sujeito (sim, quase sempre é *homem*), ou vai até o estabelecimento dele apresentar sua oferta. A falta de protocolo às vezes pode ser um problema, mas comerciantes autônomos ou pequenas empresas acham isso libertador. Não por coincidência, as companhias italianas se dão bem na Turquia, com sua adaptabilidade mediterrânea, que lhes rende contratos nababescos, como aconteceu com o terceiro projeto de uma ponte sobre o Bósforo, de 2,5 bilhões de dólares, executado pela empresa Astaldi, responsável pelo sistema metroviário de Istambul. Em 2015, a Astaldi assinou um acordo de 985 milhões de dólares para a construção de um complexo hospitalar em Ancara.

Os turcos também estão tradicionalmente alinhados a empresas do Oriente Médio, como atesta a movimentação dos negócios: na última década, graças a uma crescente desilusão em relação à Europa, eles vêm deixando a União Europeia em direção ao Oriente Médio e ao norte da África. As empreiteiras turcas levam projetos multibilionários cotados em dólares a lugares como o Catar e a Arábia Saudita, enquanto há rumores de que esses países investem pesado na Turquia. Com ou sem razão, as pessoas supõem haver motivos políticos importantes por trás dessa tendência, que coincidiu com o mandato do partido do presidente Erdoğan, o Partido

FERIADOS NO HOSPITAL

À primeira vista eles parecem membros de uma seita de praticantes de autoflagelação: homens com curativo branco em torno da cabeça raspada, dividida em áreas de formas geométricas compostas de milhares de folículos sangrentos. Na verdade, são pacientes em recuperação de uma cirurgia de transplante capilar, uma das especialidades que avançam na economia turca, parte do crescimento do turismo médico no país: em 2018, por volta de 1 milhão de turistas procuraram o país em busca de assistência médica. A Turquia é o país que mais realiza transplantes no mundo (inclusive de barba e bigode), e também oferece tratamento dental, cirurgia plástica, procedimentos dermatológicos e consulta genética, todos a preços acessíveis: um transplante capilar pode custar entre 550 e 2.250 dólares, enquanto na Europa fica entre 22.500 e 28.000 dólares. O governo tem incentivado a criação de centros de saúde e estimulado o sistema nacional de saúde (o que se provou extremamente útil durante a pandemia de Covid-19, porque os hospitais turcos não chegaram a ficar tão sobrecarregados). Apesar do alto padrão médico, não faltam incidentes infelizes, mesmo que apenas estéticos. Um transplante capilar, por exemplo, é uma operação delicada – dura muitas horas, possui alto risco de infecção, as cicatrizes podem ser duradouras ou o cabelo pode crescer em direções que não são as naturais, um quadro bem comum quando as clínicas, que operam em clima de competição acirrada, decidem cortar custos e contratar pessoal sem qualificação ou descumprir a lei e confiar as cirurgias a assistentes ou enfermeiros.

Acima: A escola de ensino médio Hacı Sabancı em Üsküdar, Istambul.
Abaixo: Sede do banco Yapı Kredi em Şişli, Istambul; a família Koç é a maior acionista.

da Justiça e do Desenvolvimento (AKP).

A espinha dorsal da economia turca continua sendo a produção em massa. Há razões práticas óbvias para o sucesso do setor, como salários relativamente baixos, comparados aos da Europa, mão de obra abundante e espaço para a instalação de grandes fábricas. Auxiliada pela guinada em direção à *fast fashion*, a Turquia continua a desafiar a China como principal exportadora para a Europa de roupas produzidas em larga escala, sobretudo por estar muito mais próxima do continente europeu do que a China, o que reduz significativamente custos e prazos de envio. As fábricas chinesas operam com margens de lucro tão baixas que para elas só vale a pena fechar pedidos de milhares de toneladas; as empresas turcas aceitam pedidos menores, permitindo que redes de varejo europeias possam encomendar peças que atendam apenas à estação seguinte, recebê-las a tempo e meses depois solicitar mais uma leva para a estação seguinte. Lidar com a China envolve o risco de ver milhares de itens atrasar, ficar ultrapassados no estoque, parados em depósitos acumulando poeira e taxas de armazenamento. Já a Turquia é um parceiro comercial com um risco relativamente baixo. No entanto, apenas as maiores empresas têm obtido êxito nesse mundo da produção em larga escala; muitas fábricas independentes de roupa do centro de Istambul faliram nos últimos anos por causa da acirrada competição, e problemas de fluxo de caixa costumam ser fatais.

Um dos mercados de roupas mais bem-sucedidos da Turquia é o da indústria de réplicas de grifes. Peças de estilistas estrangeiros têm preços proibitivos, sobretudo quando o valor da lira está baixo, mas há um comércio estrondoso de boas reproduções ou «falsificações genuínas» – conceito que pode levantar aspectos metafísicos interessantes, mas que é extremamente real quando se trata de dinheiro pesado. Dos frascos de perfume «Chanel» comercializados nos bazares de rua por algumas liras às réplicas primorosas de bolsas Mulberry expostas em lojas respeitáveis pelo equivalente a 275 dólares, a paixão e o sucesso dos turcos em copiar marcas é evidente. O valor de mercado das réplicas produzidas na Turquia só fica atrás do praticado em mercados de falsificações da China e de Hong Kong, e elas são alvo de milhares de processos movidos não só por marcas avulsas como também pela atormentada Associação de Marcas Registradas da Turquia.

Loucamente desejadas, as grandes marcas são o padrão de ouro da qualidade. Mas por que pagar uma fortuna quando se pode ter o mesmo produto por muito menos? Nas áreas mais sofisticadas de Istambul, é possível encontrar pontas de estoque autorizadas da Prada, da Louis Vuitton e até da Diane von Fürstenberg; muito mais difundidas, no entanto, são as lojas com nomes como FAME e LÜKS, que vendem praticamente os mesmos produtos por uma fração do valor. Quanto melhor a falsificação, mais alto seu preço, mas ainda assim o esperto fashionista turco está economizando várias centenas ou até milhares de liras por peça com produtos de boa qualidade e hipoteticamente feitos nas mesmas fábricas turcas que produzem os originais. A história do vendedor é que as falsificações são feitas depois do expediente normal na fábrica da, digamos, Prada, com os mesmos materiais do produto original. O produto é praticamente o mesmo. O mais provável, porém, é que um item seja comprado e depois copiado por um «estilista» que estuda seus detalhes como um pintor engenhoso falsifica um Caravaggio.

Há um punhado de estilistas turcos bem-sucedidos no cenário internacional, como Rifat Özbek, Barbaros Şansal e Bora Aksu, mas o desejo de seguir os passos de profissionais como eles não parece ser

grande no país. Desenhar cópias para produção em massa é mais lucrativo a curto prazo do que cursar uma faculdade de moda. Contudo, acho que existem razões mais importantes do que o mero lucro rápido por trás do apetite turco por copiar modelos existentes e não ousar. Como já dei aula numa universidade de Istambul, acredito que a verdadeira razão esteja na educação. Grande parte do que as crianças aprendem nas escolas turcas é decoreba, para depois expelir tudo nos importantes exames de ingresso no ensino médio. O pensamento livre não é incentivado, e a criatividade, em consequência, sofre. Para um país tão grande, existem poucos estilistas, porque a inventividade turca está voltada para ideias de novos negócios e não para a criação. A Turquia é um dos maiores produtores de carros da Europa, com fábricas enormes da Renault em Bursa e fora de Istambul, entretanto não existe uma só marca nacional desde o fim da Anadol em 1986. Uns poucos carros turcos ainda são vistos nas ruas de Istambul; eles se deram mal especialmente na Turquia rural, onde sua carroceria de fibra de vidro foi devorada por animais de fazenda soltos.

Eu nunca havia me dado conta da relação que existe entre educação e indústria, até conversar com um grande empreiteiro turco. Enquanto conversávamos, o homem, que tinha ficado bilionário construindo estradas e usinas elétricas, alcançou com indolência sua xícara de café. «Veja. Um turco pega esta xícara e pensa 'eu posso fabricar isto'. E é o que ele faz – ele fabrica centenas de milhares de xícaras exatamente como esta. Mas não lhe ocorre um projeto próprio. Esse é o problema da Turquia.» Achei ao mesmo tempo impressionante e deprimente que um homem que havia feito fortuna construindo coisas em escala maior do que seus competidores tivesse um insight tão claro sobre o problema da criatividade na Turquia. Ele era

«PROJETOS INSANOS»

Ao longo de sua extensa carreira política, o presidente Erdoğan mudou a cara do país com uma leva de projetos que, em seu auge, em 2013, rendeu à Turquia o título de maior investidor mundial em infraestrutura – nenhum outro lugar foi capaz de apresentar um boom de construção de maneira mais flagrante do que Istambul. Assim como o gigantesco terceiro aeroporto e a terceira ponte sobre o Bósforo, a capital econômica do país exibe hoje inúmeras mesquitas, hospitais e arranha-céus residenciais novos que têm transformado o horizonte da cidade. Alguns de seus «projetos insanos», como o próprio Erdoğan os descreve, causaram danos irreparáveis ao meio ambiente e a ecossistemas, substituindo florestas por concreto (estima-se que 13 milhões de árvores foram derrubadas apenas para o aeroporto) e drenando pântanos que serviam de habitat para animais e aves migratórias. No entanto, o mais ambicioso ainda está por ser construído: um canal de 45 quilômetros paralelo ao Bósforo que transformará a cidade de Istambul em uma ilha. O governo alega que pode recuperar o investimento em menos de dez anos graças aos tributos que os cargueiros terão que pagar, com o benefício simultâneo de reduzir o tráfego no Bósforo, que é livre para navegação. O projeto do canal enfrenta a oposição veemente de Ekrem İmamoğlu, prefeito de Istambul, eleito em 2019, que está estimulando a consciência ecológica da população para denunciar o projeto como um potencial desastre econômico e ambiental.

Negócios à la turca

a melhor prova de sua teoria.

Enquanto a Turquia se tornou famosa por indústrias domésticas como a de produção de falsificações genuínas, há muito tempo o governo turco ampliou esforços para promover uma imagem comercial mais respeitável e autêntica do país no exterior, com base no sucesso de fenômenos domésticos como suas séries épicas de TV extremamente populares (as *dizi*), uma indústria que espera alcançar até 2023 mais de 1 bilhão de dólares de receita mundial (para saber mais sobre as *dizi*, veja «Não chame de novelas», na página 37). Elas penetraram em países do Cazaquistão ao Líbano e são vistas inclusive na América Latina, dubladas ou legendadas, atuando como embaixadoras comerciais da Turquia.

Da mesma forma, a companhia aérea nacional Turkish Airlines, marca de enorme importância, tem sido fortemente promovida pelo governo, proprietário de 49% de suas ações. Lançada em 1933, ela é agora a empresa aérea de passageiros que voa para mais destinos no mundo, e fez uma escolha inteligente ao ter como patrocinadores times de futebol e jogadores de basquete. Antes da crise da Covid-19, ela transportava 75 milhões de passageiros por ano, com um faturamento anual de cerca de 12 bilhões de dólares. Em virtude do estímulo de um passado otomano feito pelo governo do AKP e de seu considerável apoio e influência sobre a marca, tem sido interessante observar a companhia de aviação «otomanizar» sua imagem. Primeiro, o projeto de um novo uniforme em estilo otomano completo para os comissários de bordo, com cafetã e fez, vazou para o público e a indignação foi geral. Depois, as comissárias de bordo foram proibidas de usar batom vermelho e esmalte, e a Turkish Airlines logo reverteu a proibição, dada a grita geral. Na medida mais controversa de todas, a companhia anunciou, no início de 2013, que não iria mais servir bebidas alcoólicas nos voos domésticos e para

oito destinos internacionais, aparentemente por falta de demanda. Até antes da crise da pandemia ter se instalado em 2020, o faturamento da Turkish Airlines parecia não ter sido afetado por nenhuma dessas decisões; sem considerar a perda de quase 80 milhões de dólares em 2016, causada pela tentativa de golpe militar, a companhia registrou lucros constantes e crescentes.

A aviação turca talvez seja a grande metáfora para a vertiginosa altura da ambição nacional, de todo risco e investimento que o governo está disposto a suportar em busca de atrair o público mundial e nacional. Nada personifica mais essa atitude do que o novo aeroporto de Istambul inaugurado em 2019, que foi construído com velocidade e despesas inconsequentes sobre um pântano no norte da cidade, apesar das preocupações de ambientalistas e engenheiros e ao custo da vida de 27 operários, segundo o próprio governo. Uma fixação nacional com «projetos insanos» como esse e o canal de Istambul – projetos que desejam provar que tudo vai bem, que a Turquia é gloriosa, aconteça o que acontecer – parece uma obsessão; resta saber se esse ímpeto continuará no decorrer da década de 2020. Enquanto isso, o instinto de cada cidadão turco permanece o mesmo: deve se preparar para um desastre, ser ambicioso e trabalhar duro, porque ninguém sabe o dia de amanhã. 🐦

Este artigo é um excerto adaptado do livro *Turkish Awakening*, de Alev Scott, publicado em 2015 (edição revista) pela Faber and Faber.

À direita: O tráfego começa a aumentar nas ruas de Istambul quando a hora do rush se aproxima.

FRAGRÂNCIA DA LINHA DE FRENTE

Em março de 2020, enquanto grande parte do mundo corria para estocar os últimos rolos de papel higiênico que encontrava nas prateleiras dos supermercados, o povo turco reabastecia seu estoque com um produto que eles sem dúvida consideravam muito mais essencial: kolonya, a tradicional *eau de cologne* onipresente na Turquia. Ela foi levada da Alemanha para o Império Otomano no século XIX e ao longo do tempo se tornou um item de primeira necessidade em todos os lares como símbolo de hospitalidade e higiene. As mãos de um visitante são embebidas em kolonya quando ele entra em uma casa, ela é usada em lojas, restaurantes (no final da refeição), nas viagens de ônibus de longa distância e na barbearia – esfregar kolonya nas têmporas é até garantia de alívio para dores de cabeça! Com teor alcoólico de pelo menos 60%, mas em geral contendo mais de 80%, ela vem sendo usada há muito tempo como antisséptico, e levou fama de postergar – embora não tenha sido capaz de impedir – a propagação do vírus da Covid-19: todo mundo já tinha o produto em casa e o usava para desinfetar as mãos com frequência. Depois que o ministro da Saúde advogou publicamente seu uso contra o vírus, fabricantes de kolonya disseram que as vendas quintuplicaram. Há diversas marcas famosas, entre elas a Atelier Rebul (fundada em 1895 em Istambul por um farmacêutico francês expatriado), a Eyüp Sabri Tuncer de Ancara (à qual se atribui a invenção da kolonya com fragrância de limão siciliano) e a Selin, a fabricante da famosa kolonya Altın Damlası (Gota de Ouro), de Izmir. Mas qualquer cidade pode se vangloriar de ter sua própria versão, acrescentando um produto local a uma base mista de etanol e água destilada: mandarina em Bodrum, laranja em Antália, chá em Rize e até – não julgue até experimentar – tabaco em Düzce.

Eros e Tânatos no restaurante

SEMA KAYGUSUZ

Apoiadoras do AKP celebram a vitória nas eleições parlamentares de 1º de novembro de 2015 perto da sede do partido no Chifre de Ouro, Istambul.

Embora o movimento feminista turco exista há mais de um século, as mulheres ainda se veem presas entre duas ideologias opostas mas igualmente sufocantes – uma secular e outra religiosa. Apenas há pouco tempo elas começaram a ser ouvidas em um sistema patriarcal dominado por homens que «amam até a morte».

Imaginemos a cena: um restaurante num bairro comum de classe média de Istambul. Uma grande tela num canto transmite um jogo de futebol, músicos de rua circulam pelo salão e um homem e uma mulher conversam a uma mesa, um de frente para o outro. Quem vê logo percebe que se trata de um encontro romântico. O homem enche o copo da mulher; a mulher compartilha os pratos de *meze* à medida que são servidos. Ele fala animado sobre uma coisa ou outra, ela ouve atentamente. Comparado com os grupos estridentes de homens e mulheres espalhados pelas outras mesas, o casal é mais solene. Um primeiro encontro, de certo. Uma cigana com um cesto de flores já se aproximou; pega uma rosa e a enfia no nariz do homem, disparando bênçãos – «Que Deus», «Que Deus abençoe esta bela moça», «Que Deus abençoe vocês dois com um casamento feliz e muitos filhos». Ainda não existe nada entre eles, mas como a primeira pessoa de fora a reconhecer a possibilidade de que possa haver, a florista assume o papel de facilitadora. Uma «facilitadora popular» ou moderadora. A vendedora que num piscar de olhos empurra a mulher para o homem, para casar com ele e abraçar a maternidade, desempenha o papel de Cupido que lhe é atribuído pela sociedade – e ainda vende suas flores. Agora a mesa está sob o olhar vigilante de um Eros bem treinado. Libidinoso, afetuoso e inerentemente livre, Eros só quer ter os dois juntos. Mas, é claro, também ele deve se submeter a uma série de convenções sociais, e esse é apenas o início do processo de domesticação ditado pelas normas heterossexistas do país. A noite está só no começo.

Ao nos aproximarmos, somos testemunhas de uma conversa na qual as trocas refletem à perfeição a mentalidade dominante. O homem se põe a relatar as batalhas que venceu, a mulher ouve. O homem descreve a competição que enfrenta em sua vida profissional, enquanto a mulher, que também tem uma vida profissional, que ganha menos do que ele mas que trabalha mais duro em circunstâncias desiguais, ela ouve. O homem pede peixe sem consultar a mulher, ela ouve. De tempos em tempos, ele lança um olhar lânguido para ela, que sorri, calada. Enquanto ela está ali sentada, vai sendo transformada em um objeto, reduzida de um indivíduo a uma criatura que existe tão somente para ser olhada, alimentada, para receber flores, para ser desejada, arrebatada.

Os músicos que rondam o casal tocam as músicas pedidas. São três homens: um violinista, um clarinetista e um percussionista. A função deles não é apenas tocar, mas atuar como testemunhas de uma espécie de casamento. O repertório de músicas tradicionais alaturka e de arabesk propicia tanto ao homem quanto à mulher entrar no clima psicológico da relação que eles estão forjando naquele restaurante. É uma espécie de terrorismo musical: melodias animadas e otimistas instam os ouvintes a se levantar e dançar, abrindo caminho para que Eros faça seu trabalho, e de repente letras que glorificam a morte, carregadas de angústia e hostilidade, convidam Tânatos para a cena. Mas em geral Tânatos não aparece onde Eros já está, e onde Tânatos reina Eros se mantém distante. Normas sociais ditam que eles não podem estar no mesmo lugar ao mesmo tempo. Um só pode suceder ao outro.

SEMA KAYGUSUZ é uma escritora de ascendência alevita, autora de diversas antologias de contos e três romances, traduzidos para diversas línguas. Também escreve para o teatro e para a revista de geografia *Atlas*.

«No fim da noite o homem vai pegar a mão da mulher e declarar, com um floreio romântico, 'Eu morreria por você'.»

Ao pensar em termos freudianos, procurando situar os indivíduos no contexto mais amplo da civilização, concluímos que Eros, a personificação do instinto vital alimentado pelo princípio do prazer, não deve permitir que Tânatos, o instinto da morte, sequer se aproxime dele – pelo menos não no início. E no entanto as duas forças coexistem nas músicas que esse grupo executa. As melodias são alegres e exuberantes, mas as letras... «Você me deixou, só te desejo uma vida miserável», amaldiçoam; «Eis uma bala para acariciar o espaço entre suas sobrancelhas», cantam, vislumbrando a morte mesmo que a música incite à dança; «Não se engane, um dia ela vai dizer que não te ama», advertem; «Você vai se envergonhar de seu coração cruel», repreendem – e as pessoas no restaurante cantam junto a plenos pulmões, dançam sentadas nas cadeiras, balançam os ombros para cima e para baixo e estalam os dedos seguindo o ritmo. Elas não abrem mão nem de Eros nem de Tânatos. No fim da noite o homem vai pegar a mão da mulher e declarar, com um floreio romântico, «Eu morreria por você», e, num contexto socioeconômico ligeiramente diferente, pode ser apenas questão de tempo até que sua expressão de franca rendição assuma contornos de ameaça. De agora em diante o homem também está autorizado a dizer à mulher «Você também vai morrer por mim, se for preciso». O único deus do amor que ele conhece requer um mártir. A tendência de alguns homens turcos de amar até a morte algumas mulheres turcas é uma espécie de folclore estabelecido na música. O machismo prospera onde encontra um ambiente adequado.

Se a mulher à mesa parece pronta para ir adiante sem opor resistência àquela língua machista é porque ela ainda precisa descobrir alguma estratégia para escapar dos mecanismos de opressão patriarcal da sociedade a que pertence. A mentalidade que governa sua vida lhe diz que onde há amor admite-se a violência. Quase não há mulheres em posições de poder nas quais ela possa se espelhar. Dados de 2020 nos dizem que, dos onze membros da ordem nacional dos advogados, apenas três são mulheres; e que, das oitenta associações da ordem, compostas de homens e mulheres em igual número, apenas seis são comandadas por mulheres. Todos os juízes da Suprema Corte são homens. As universidades têm 175 reitores e apenas dezoito reitoras. Só 17% dos parlamentares são mulheres, mesmo com um aumento em anos recentes, estimulado pelo movimento político curdo. Considerando que as eleições nacionais de 1935 contestaram dezessete membros mulheres do Parlamento, vê-se que a representação feminina na política turca não acompanhou a modernização da República da Turquia.

A situação é igualmente calamitosa na imprensa, com exceção de um punhado de publicações de oposição que se esforçam para alcançar um equilíbrio na representação de gênero. Uma passada de olhos no expediente da maioria dos jornais vai revelar que quase não existem mulheres chefes ou diretoras de redação. As mulheres turcas estão situadas em um contexto no qual, historicamente, sempre tiveram acesso restrito às alavancas de poder; só nos últimos quinze anos elas começaram a falar de forma mais ativa das agressões diárias pelas quais passam – ataques de fúria por ciúme, bullying, intimidação, assédio,

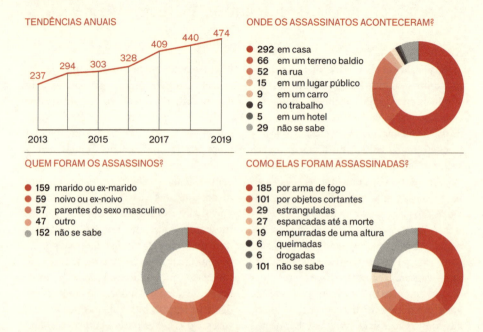

FONTE: KADIN CINAYETLERINI DURDURACAĞIZ PLATFORMU (PLATAFORMA VAMOS PÔR UM FIM AO FEMINICÍDIO)

fragilização, expropriação. Apesar de sua história centenária, o movimento feminista mal começou a traçar maneiras efetivas de expor seus argumentos ao público. Assim, a mulher sentada àquela mesa, olhando nos olhos do seu amor macho, não apenas está sitiada por letras de músicas questionáveis como também incorporou a mentalidade patriarcal que domina a sociedade em que ela está inserida, na qual homens se apossam de tudo o que há para possuir, inclusive do amor. E, como muitas mulheres nessa posição, ela não consegue ver com clareza como é perigoso ser amada até a morte por um homem.

Talvez não surpreenda que a mulher, em conflito com seus sentimentos enquanto beberica seu drinque nessa mesa de restaurante, acabe tomando decisões baseada nos padrões de amor e violência em que Eros e Tânatos a enredaram nessa noite.

Ela sabe que, desde que adapte seus trajes, seus amigos, suas escolhas profissionais e até seus direitos de propriedade, enfim, desde que ajuste tudo em sua vida privada às regras da sociedade patriarcal, heteronormativa e sexista, poderá levar uma vida aceitável. Mas, se um dia tomar consciência de sua infelicidade e resolver deixar o homem que tem diante de si para construir uma vida mais independente, as coisas podem mudar. Num instante, a litania de ameaças de Tânatos vai se transformar em uma explosão de fúria.

A crescente interferência opressiva do governo do AKP de Recep Tayyip Erdoğan na vida das mulheres também teve sua cota de responsabilidade em incentivar a cultura de agressão masculina. Atualmente uma mulher é assassinada por dia na Turquia, em geral em plena luz do dia, e a frequência dessas mortes só aumenta. Em 2019, foram 474

AS VÍTIMAS ESTAVAM EMPREGADAS?

- 60   sim
- 20   não
- 394 não se sabe

POR QUE ELAS FORAM ASSASSINADAS?

- 18,2% discussão
- 13,4% ciúme
- 10%   pedido de divórcio
- 6,8%   dizer não
- 6,2%   honra/tradição
- 3,7%   término de relacionamento
- 21,7% outro
- 20%   não se sabe

feminicídios. De acordo com um relatório publicado pela plataforma Kadın Cinayetlerini Durduracağız («Vamos pôr um fim ao feminicídio»), em 152 não se identificou o culpado; em 134 a mulher foi assassinada pelo marido; em 25, pelo ex-marido; em 51, pelo namorado; em oito, pelo ex-namorado; em 29, por um parente do sexo masculino, como um tio, ou o marido de uma parente próxima, ou o sogro, ou o cunhado; em dezenove casos, por um conhecido; em quinze, pelo próprio pai; em treze, pelo próprio irmão; em 25, pelo próprio filho ou por um vizinho, ou por outro pai na escola de seus filhos; e em três casos por um estranho. Ou seja: a maioria dessas mulheres foi morta por homens conhecidos.

Embora a Turquia tenha sido o primeiro país a ratificar a Convenção de Istambul, elaborada para combater a violência doméstica contra mulheres, e hoje adotada por 46 países e pela União Europeia, uma mulher que na Turquia seja ameaçada por um homem não pode contar com o apoio das instituições públicas. Um homem pode comparecer ao tribunal de terno e gravata, dizer ao juiz que seu orgulho e sua honra foram maculados, que ele matou sem querer, que foi provocado e que nunca teria matado aquela mulher se não fosse isso, e ele será liberado com uma punição tão branda que não o impedirá de matar de novo. Entre os feminicídios que mais impacto causaram na sociedade está o assassinato de Emine Bulut, de 38 anos. Em 2019, ela foi morta pelo ex-marido, de quem se divorciara em 2015; ele cortou sua garganta na frente da filha dos dois. Em um vídeo gravado durante o assassinato, é possível ouvi-la gritando «Eu não quero morrer».

Enquanto isso, políticos e veículos de comunicação conservadores praticam o eterno e implacável jogo de julgar as vítimas: «O que ela estava fazendo na rua tão tarde?», «Ela não devia ter usado uma saia tão curta», «Ela saiu para dançar sozinha, estava pedindo». Declarações assim desabam como chuva ácida. Ignorando de propósito os assassinatos de mulheres das classes mais conservadoras e religiosas, cria-se a percepção de que as vítimas foram escolhidas por serem mulheres com um estilo de vida secular. A violência afeta todas as mulheres, sem distinção, e não há dúvida de que o modo de vida pregado por islamitas é prejudicial a todas. A retórica degradante e anacrônica dos discursos que religiosos proferem em espaços públicos, programas de TV e mesquitas ameaçam de forma direta, e com regularidade, o direito das mulheres à vida. Servindo-se de palavras do Alcorão e do Hadith para favorecer interesses masculinos, eles visam regular todos os aspectos da vida das mulheres – da sexualidade ao casamento, dos direitos de herança à existência cotidiana. Sem nem ser necessário recorrer aos ensinamentos do Hadith, que pinta as mulheres como impuras, diabólicas e inferiores, basta considerar apenas um exemplo do Alcorão, sura 4:34, que diz: «Os homens são protetores das mulheres [...] Quanto àquelas de cuja deslealdade suspeitais, admoestai-as na primeira vez, abandonai seus leitos na segunda vez e castigai-as na terceira vez». Basicamente, os ensinamentos do islã consideram apenas um tipo de mulher: a de cabeça coberta, obediente, fértil, dócil, passiva – uma escrava voluntária.

Em oposição a esse modelo único de mulher muçulmana proposto pela política islâmica, os kemalistas, reduzindo a modernidade a uma espécie de regime, formularam outra ideia de feminilidade, também rígida e uniforme. Nesse caminho rumo à ocidentalização, a República da Turquia proibiu o uso de véus em órgãos públicos e evocou a imagem de uma mulher moderna de tailleur. De 1926 a 1934, o governo introduziu garantias constitucionais para as mulheres, que variam de igualdade perante a lei ao direito de votar e de se eleger para cargos públicos – os turcos de hoje ainda se gabam de terem garantido direitos iguais para as mulheres antes de França, Itália e Suíça –, mas a verdade é que esse tipo de modernização tem pouco a ver com feminismo; pelo contrário, apresenta os ganhos do movimento de direitos civis das mulheres como concessões dos homens. Por outro lado, a partir dos anos 1950, com a urbanização da população conservadora rural uma nova classe média emergiu. Porém, quando as mulheres que pertenciam a essa nova classe média decidiram sair de casa e frequentar a universidade, integrar o Parlamento e trabalhar em instituições públicas usando véu, elas se depararam com uma resistência fortíssima. Até que, em uma virada semântica que pegou a todos de surpresa, o véu foi associado à ideia de liberdade.

À direita: Jovens conversam no jardim de uma mesquita com vista para o Chifre de Ouro, Istambul.

Hoje a «liberdade de usar o véu» já não está em pauta, porém a Turquia perdeu muito tempo nesse debate. De fato, a vida política de digitais mafiosas da qual lutamos para nos livrar – estabelecida por funcionários eleitos que nomeiam funcionários não eleitos por meio de uma ditadura plebiscitária que se desenvolveu pouco a pouco até chegar aos dias de hoje– tem sido sustentada por agressões sistemáticas da engenharia social kemalista em relação às mulheres de cabeça coberta. Ao conceber a ideia de uma mulher adequada, o Estado também definiu as características de uma mulher *inadequada*. Para os islamitas, foi apenas uma questão de tempo sua retórica de vitimização, afiada como uma faca ao longo dos anos, encontrar um terreno político fértil. Mesmo assim, depois de chegar ao poder em 2002 o AKP ainda demorou onze anos para se dignar a liberar o uso de véu em órgãos públicos. Era uma questão que se prestava a ser politizada. Se hoje o uso do véu em instituições públicas já não é um problema, a emancipação das mulheres permanece um tabu. Veio dos islamitas a crítica mais pesada contra mulheres que no início dos anos 1990 compartilharam em suas mídias sociais a experiência de abandonar o véu (hashtag #10yearschallenge); elas foram acusadas não só de não ser verdadeiras muçulmanas, como de ser terroristas, com vínculos com o movimento de Fethullah Gülen (ex-aliado do governo do AKP e hoje considerado líder de uma organização terrorista após a tentativa de golpe de 2016; veja «Os trinta anos do golpe na Turquia», página 50). Intimidadas, muitas mulheres foram obrigadas a se calar.

*

Vamos deixar de lado o diabólico triângulo de uniformidade, polarização e violência em que a maioria das mulheres turcas está presa e voltemos à mesa do restaurante. Vamos supor que aquela mulher pertença à bem-aventurada minoria que não se contenta com um galanteio e está determinada a tomar suas próprias decisões a respeito do futuro. Embora tenha crescido em uma estrutura familiar patriarcal, ela foi criada com amor, é dona de uma boa autoestima e tem a independência como norte. Talvez tenha sido educada em outro país ou viajou por motivos profissionais – para Paris, digamos, Londres, Viena ou Frankfurt. No entanto, mesmo nas cidades multiculturais da Europa ela imediatamente enfrentaria uma barreira humana de preconceitos e estereótipos. Ela se veria definida com uma identidade para a qual estaria totalmente despreparada. Apesar de não possuir crenças religiosas e ter – em seu país e em seu círculo social – construído para si uma existência individual relativamente livre, descobriria, assim que pusesse os pés no exterior, que seria vista tão somente como uma mulher muçulmana. Como estrangeira, sente ter perdido todas as batalhas que venceu em casa. Tomar vinho num restaurante causará espanto.

Sabendo que ela é da Turquia, as pessoas não conseguirão disfarçar o estranhamento que lhes causa aquela sua maneira ocidentalizada. Em seu país, onde 99% da população

Eros e Tânatos no restaurante 99

> «Assim que uma mulher turca põe os pés para fora do país, ela é vista tão somente como uma mulher muçulmana. Sente ter perdido todas as batalhas que venceu em casa.»

supostamente é muçulmana, ela nunca foi julgada por tomar vinho ou não frequentar uma mesquita. Na Europa, ao segurar sua taça, sente um desconforto como se vivesse em pecado. Ela seria submetida a questionamentos intermináveis: «Você usa véu em seu país?», «Já comeu carne de porco?», «As pessoas em seu país podem fazer sexo antes do casamento?». Em um átimo todos os recém-conhecidos vão proceder como a Guarda Revolucionária do Irã. E mais: seus anfitriões europeus nem se dariam conta de que soam como imãs fanáticos.

Ela descobriria, decepcionada, como os preconceitos disseminados na vida cotidiana reduzem camadas de nuances culturais a uma superfície plana. A ideia de que ela pudesse ser ateia, deísta, agnóstica, cristã (siríaca, caldeia ou outra), que pudesse ser judia, que pudesse ter pouca ou nenhuma fé não ocorreria a eles. Nunca passaria pela cabeça de ninguém que ela pudesse ser uma dos 20 milhões de alevitas na Turquia. Ninguém jamais consideraria que ela pudesse descender de gerações que enfrentaram sofrimentos, vir de comunidades que primeiro foram massacradas e depois assimiladas à força, turquizadas e islamizadas, que ela pudesse ter tido que percorrer um longo caminho de revelações internas, avaliações e acertos simplesmente para existir como ser humano no mundo. Para eles, tudo que ela é e tudo que sempre será é uma mulher muçulmana cujo comportamento será julgado inconveniente segundo a ideia que o imaginário europeu faz de uma mulher muçulmana.

Nessa época sinistra em que as religiões com frequência são transformadas em uma forma de cultura de massa, que como tal pode criar condições para o florescimento do fascismo, a obsessão de reduzir a afiliação religiosa a um inescapável indicador de identidade ameaça a individualidade de todos. Repetidas vezes a humanidade pagou um preço alto por querer classificar os indivíduos de acordo com sua fé. A religião ainda é percebida como uma forma bem definida de identidade inseparável da identidade nacional. Qualquer um que por acaso tiver nascido na Turquia, por exemplo, deve ser muçulmano – e muçulmano *sunita*, para ser preciso, de acordo com o projeto uniformizante de modernização proclamado pela república turca. E parece que a sociedade europeia se mostra mais pronta a aceitar o ímpeto homogeneizador do Estado turco autoritário do que os diversos povos da própria Turquia.

Mas, quando observamos um povo em sua cultura viva, descobrimos as múltiplas camadas de herança contidas em suas práticas religiosas atuais. Ao longo de sua história, os turcos fundaram dezessete Estados diferentes. Eles já foram confucionistas e taoistas. Depois do século VII, foram budistas, maniqueístas e zoroastristas que cultuavam o fogo. Antes que as religiões abraâmicas se estabelecessem, eles foram xamanistas e panteístas. Nos quatrocentos anos do Império dos Cazares, foram judeus. Algumas comunidades turcas que se tornaram cristãs depois do século IX ainda hoje vivem como cristãos ortodoxos.

QUEM SÃO OS ALEVITAS?

Os alevitas são uma comunidade religiosa que compõe entre 15% e 25% da população da Turquia, embora esses números sejam objeto de muitas contestações. Apesar de cultivarem práticas em comum com o islã xiita (a veneração a Ali, primo e cunhado do profeta Maomé, e o luto de Muharram, por exemplo), eles diferem dos xiitas e, em grau ainda maior, de seus compatriotas muçulmanos sunitas. Com tendências mais liberais, sobretudo no que diz respeito ao papel das mulheres (e também ao álcool), os alevitas com frequência enfrentaram discriminação, às vezes violenta, sob o domínio otomano, e consequentemente receberam o projeto secular de Atatürk como uma libertação. A república, no entanto, em suas tentativas de turquizar minorias religiosas e étnicas, nem sempre retribuiu, a começar pela repressão extremamente violenta de 1938, ordenada pelo próprio Atatürk, de uma revolta em Dersim, no leste do país. Nos anos 1970, os alevitas – em geral com inclinação política à esquerda – sofreram outra onda de violência nas mãos de nacionalistas turcos, sobretudo com os pogroms nas cidades de Çorum e Maraş, e de novo em 1993 com o massacre de Sivas na Anatólia Central, quando trinta intelectuais alevitas morreram em um incêndio iniciado por militantes sunitas. Em épocas mais recentes, o governo de Erdoğan também se voltou contra os alevitas (que tradicionalmente votam no CHP kemalista), e depois do golpe frustrado de 2016 medidas repressivas foram estendidas a eles como retaliação pelo papel significativo que desempenharam nos protestos do parque Gezi.

A população curda da Turquia descende dos zoroastristas. Ainda existem comunidades armênias, siríacas e iazidis, embora sejam pequenas. No oeste do país vivem diversos gregos. Ou seja, é quase impossível olhar de fora para um país com tamanha diversidade étnica como a Turquia e se arvorar capaz de definir um modelo-padrão da condição feminina turca.

E questões genéricas sobre como é ser mulher em um país muçulmano resultam, por definição, de uma perspectiva antissecular. A experiência de ser uma alevita na Turquia merece discussão; como também ser curda, armênia, norte-americana, siríaca, cristã, feminista, integrante da comunidade LGBTQ. Ignorar experiências tão específicas de pertencimento a qualquer um desses diferentes grupos independentes e tratar indivíduos como se fossem parte de um todo monolítico não só é uma atitude intelectualmente preguiçosa como impede que mulheres formem laços com outras mulheres em outras partes do mundo com base em suas experiências comuns. Se queremos descobrir quem está pronto para se beneficiar desses preconceitos que cortam os laços horizontais e globais que as mulheres podem construir, basta atentar para os mecanismos do capitalismo moderno, obstinado em extrair combustíveis fósseis e cultivar a guerra como meios de controle.

Mas voltemos à Turquia. Para elaborar uma imagem completa da vida das mulheres no país, é preciso rever o papel do feminismo na longa história da luta de Eros para superar Tânatos e estabelecer um ecossistema social com base na alegria, paz e fartura. De fato, até agora não discutimos tanto as mulheres turcas, mas as estruturas dominadas pelo sexo masculino dentro das quais as mulheres turcas têm que viver sua vida. Agora é hora de levar em conta a história feminina alternativa

Eros e Tânatos no restaurante

Páginas 102 e 103: Manifestação em Kadıköy, Istambul, no Dia Internacional da Mulher.

para a qual a mulher do restaurante poderia se voltar, caso decidisse se levantar e ir embora. É hora de nos voltarmos para a história de uma luta feminina alternativa dentro da luta feminina mais ampla para mudar o mundo.

*

A história tem início há cem anos. No período anterior à fundação da república, durante o movimento de ocidentalização do Estado otomano, as mulheres começaram a assumir papéis na esfera pública, como professoras, escritoras, poetas, pintoras e tradutoras. A questão debatida com mais frequência durante a Segunda Era Constitucional do Império Otomano no início do século XX era a respeito da condição legal das mulheres. Durante essa época, foram criados mais de trinta jornais e publicações dedicados especificamente a esse tema. Houve um debate ferrenho sobre a compatibilidade dos valores tradicionais que as mulheres deveriam personificar com as necessidades da sociedade moderna. Houve um movimento feminista ativo, um «feminismo de raiz». Suas demandas fundamentais eram igualdade e direito ao voto.

A segunda fase do movimento foi definida em grande parte pela eclosão da Primeira Guerra Mundial. Durante esse período, sob o domínio do Partido da União e do Progresso (que tinha chegado ao poder após um golpe militar), as mulheres se juntaram não apenas à força de trabalho mas ao Exército, por meio de uma divisão feminina especialmente criada. Na época da guerra, elas preencheram as

lacunas deixadas pelos homens. Também foi por volta dessa época que elas começaram a frequentar a universidade. A Lei dos Direitos da Família, introduzida em 1917, garantiu às mulheres que viviam sob o domínio otomano praticamente todos os direitos que o Código Civil Suíço garantia às mulheres suíças. Sob essas novas leis, elas ganharam o direito de votar, mas ainda não podiam ser eleitas para cargos públicos.

Após a fundação da República da Turquia, as ativistas dos direitos das mulheres no país continuaram seguindo as tradições herdadas e fizeram campanha para a criação do Partido das Mulheres – mesmo antes do surgimento do Partido Republicano do Povo ou do Partido Progressista Republicano. Diante da recusa do Estado a esse pedido, essas mesmas ativistas criaram a União Turca de Mulheres, que, até sua dissolução em 1935, organizou por todo o país conferências sobre emancipação feminina. A imprensa as chamava de «agitadoras». Quando em 1934 as líderes da União Turca de Mulheres se encontraram com Atatürk para requisitar direitos integrais de votação, ele lhes disse para abandonar essas demandas equivocadas, se dedicar à república e aos ideais dela, e mobilizar seus recursos para espalhar a mensagem dos ideais republicanos às mulheres de todo o país. As mulheres, obviamente, não se convenceram. Naquele mesmo ano, reuniram-se em Ancara para uma marcha em direção à sede do Parlamento na praça Ulus, exigindo «Nós queremos votar!». Elas só se dispersaram quando obtiveram de Atatürk a promessa de que o pedido seria atendido. Pouco depois dessa marcha, foi submetido ao Parlamento, e aprovado, o projeto de lei que garantia às mulheres o direito de voto e de concorrer a cargos públicos. Alcançado seu principal objetivo, as líderes da União Turca de Mulheres dissolveram a sociedade logo depois do encerramento de um simpósio internacional de direitos das mulheres. Mas não demorou para que os direitos que as mulheres arrancaram do Estado depois de lutar com unhas e dentes fossem instrumentalizados por aqueles que estavam no poder e usados, até o fim dos anos 1960, como ferramenta de propaganda e prova de um suposto «feminismo patrocinado pelo Estado».

A década de 1970 assistiu ao início de um movimento socialista feminino. Os grupos kemalistas de direitos das mulheres logo foram substituídos por grupos de ativistas de esquerda. A Associação das Mulheres Progressistas, organizada dentro do Partido dos Trabalhadores, conseguiu levar dezenas de milhares de mulheres às ruas em todo o país em apoio aos direitos dos trabalhadores. Graças aos esforços dessa associação, as mulheres se reencontraram com o conceito de manifestações de larga escala pela primeira vez desde que o movimento feminista do fim do período otomano as tinha feito sair às ruas. No entanto, as ativistas de esquerda lutavam não só por seus próprios direitos, mas também por uma futura utopia socialista.

A partir dos anos 1980, o movimento das mulheres na Turquia entrou em uma fase mais afirmativa. Enquanto começavam a forjar uma identidade própria, as intelectuais do movimento de esquerda produziam diversas publicações e, de forma decisiva, começaram a ir às ruas. Apesar de suas diferenças, feministas igualitárias, feministas socialistas e feministas radicais conseguiam trabalhar juntas, organizando protestos de rua, campanhas, manifestações e uma série de outras iniciativas. Nos anos 1980, a principal preocupação era a liberação sexual; na década de 1990, elas começaram a refletir sobre as restrições que mulheres de setores conservadores da sociedade sofriam na esfera pública. Nos

DIREITOS LGBTQ

A Turquia tem uma atitude ambígua em relação à comunidade LGBTQ. Por muitos anos o país acolheu pessoas gays e trans que fugiam de Estados e famílias mais intolerantes, e foi o primeiro país de maioria muçulmana a permitir uma parada do orgulho gay (em 2003, foram trinta participantes; em 2014, 90 mil). Mesmo na era otomana a homossexualidade não era crime, mas desde então a república pouco progrediu. Não há leis que protejam contra a discriminação de gênero, e o casamento entre pessoas do mesmo sexo não é reconhecido. Em uma sociedade impregnada de valores culturais conservadores e de uma ideia tóxica de masculinidade, a homofobia é abrangente. Pode ser uma surpresa saber que Erdoğan já apoiou esses direitos. Antes de se eleger primeiro-ministro em 2003, ele declarou que «os direitos e as liberdades dos homossexuais também devem receber proteção legal». No entanto, ao longo dos anos, e particularmente depois dos protestos do parque Gezi, nos quais o movimento LGBTQ foi muito ativo, Erdoğan mudou de direção, declarando, por exemplo, que a homossexualidade é incompatível com a cultura islâmica. Desde 2015 as autoridades proíbem eventos do orgulho gay em Istambul e em outras cidades, e cancelaram diversas atividades culturais, enquanto a polícia recebeu os participantes da marcha com balas de borracha, jatos de água e gás lacrimogêneo. Apesar disso, para muitas pessoas LGBTQ do Oriente Médio, a Turquia ainda é um paraíso seguro onde elas podem desfrutar de liberdades que seriam inconcebíveis em seu país de origem.

Eros e Tânatos no restaurante

anos 2000, o movimento feminista, com todas as suas nuances e divisas, estava nas ruas. Politizadas por sua crescente consciência étnica, as mulheres curdas cada vez mais assumiam papéis ativos dentro do movimento político curdo. Para elas, o discurso sobre mulheres oprimidas logo se tornou inextricavelmente ligado ao de gênero e etnia. Ao dar importância à representação de igualdade de gênero em suas fileiras, o movimento político curdo – como o movimento verde na Europa – adotou o modelo de coliderança, chamando a atenção de um público muito mais amplo para a questão da representação desigual.

Organizações não governamentais floresceram, incentivando mulheres de todas as classes, etnias e orientações sexuais a se envolver na política. Inúmeras publicações feministas foram criadas.

Da noite para o dia a Turquia descobriu a relevância universal das posições feministas adotadas por esse esquadrão dinâmico de grupos ativistas, cada um fervendo em fogo brando com sua própria energia, seus argumentos tão incrivelmente modernos que podem ser traduzidos para qualquer idioma. A descoberta veio com uma efervescente e inesperada alegria, uma forma inteiramente nova de falar e

Acima: Votação em cabine na Biblioteca Atatürk, perto da praça Taksim, Istambul.

com encontros de proporções jamais vistas. A origem foi o movimento Gezi de 2013, que começou logo depois de as autoridades dispersarem um protesto pacífico contra a remodelação do parque Gezi em Istambul. Entre ambientalistas, esquerdistas e muçulmanos anticapitalistas que tomaram as ruas, as mulheres eram de longe a presença mais marcante. O movimento pode muito bem ser lembrado como o mais poderoso e mais pluralista da história do país, responsável por transformar a percepção que se tem das mulheres turcas como vítimas eternas na de agentes de resistência, capazes de falar por si mesmas, cheias de coragem e diversidade. Elas se tornaram o símbolo mais poderoso dos protestos de Gezi. A mulher de vestido vermelho parada diante do policial com spray de pimenta na mão, a senhora que atirou pedras na polícia e inúmeras outras mulheres combatendo violência com dança, música e flores logo roubaram a cena. Elas não estavam lutando por igualdade; elas já eram iguais. A linguagem que usaram era mais eloquente do que a norma do discurso público turco, e elas convidaram os que estavam no poder a responder à altura. Grupos feministas injetaram um elemento de criatividade nos protestos ao garantir que o linguajar sexista fosse banido. Se a mulher do encontro no restaurante tivesse, de fato, se levantado e ido embora, sem dúvida estaria entre elas – e seria improvável que aceitasse um encontro desse tipo outra vez. Depois dos protestos do parque Gezi, qualquer evento que envolvesse a mobilização de mulheres – paradas do orgulho LGBTQ, celebrações do Dia Internacional da Mulher em 8 de março e as marchas Take Back the Night – se transformou em um movimento de massa.

Pode parecer que as mulheres na Turquia, hoje, perderam boa parte das lutas enfrentadas ao longo dos anos – morte, violência e cultura patriarcal fazem o que podem para continuar a oprimi-las –, mas a verdade é que há muito tempo elas aprenderam a separar Eros de Tânatos. Hoje, sempre que uma mulher é vítima de qualquer tipo de injustiça ou violência, inúmeras outras se espalham pelas ruas – desafiando proibições, desafiando as tentativas do Estado de intimidá-las – para gritar «Você nunca vai caminhar sozinha». Elas ocupam espaços públicos e entoam do fundo dos pulmões que «quando as mulheres se juntam elas podem abalar o mundo». Mesmo quando empurradas, presas, arrastadas pelo cabelo e chutadas já no chão, elas não param de resistir. Eros está no sangue delas agora. O futuro que já começaram a construir será delas em poucos anos, custe o que custar. A Turquia mal se familiarizou com o poder das mulheres como força unificada. Agora é hora de descobrir como é o mundo sonhado pelas mulheres no coração das muitas comunidades do país. ✒

Eros e Tânatos no restaurante

Sobre
djims
e luz

Todo verão o escritor Burhan Sönmez volta à Anatólia Central, ao vilarejo onde nasceu – mas o único resquício daquele mundo rural imaculado, com suas tradições e fé religiosa apolítica, é a língua curda, proibida de ser falada.

Burhan Sönmez

109

Eu tinha quatro anos quando vi uma cidade pela primeira vez. Nunca tinha saído do vilarejo em que nasci até nos mudarmos para uma cidade de 20 mil habitantes onde meu pai havia alugado uma casa. Pusemos todos os nossos pertences na carroceria de uma caminhonete e fomos embora, meus pais na cabine com o motorista, os cinco filhos atrás, em cima de uma pilha de colchões, tapetes e diversos utensílios e ferramentas. A estrada sinuosa era irregular e empoeirada, e a caminhonete seguia lenta pela planície de Haymana, na Anatólia Central. Rumávamos para Polatlı. Meu irmão mais velho havia concluído o o ensino básico no vilarejo e meu pai decidira matriculá-lo no ensino fundamental na cidade. Éramos os primeiros do vilarejo a nos mudar para que as crianças continuassem os estudos, e isso diz muito sobre meu pai.

Devido às condições da estrada, a viagem demorou três horas. Embora estivéssemos cobertos de poeira, não desgrudávamos os olhos das colinas de encostas ressequidas ao longe, mais além da planície. Em todos os lugares daquela paisagem, imaginávamos as diferentes personagens das histórias que ouvíamos em casa: víamos um pequeno djim em um córrego profundo e tentávamos enxergar em uma vala distante ogros que se escondiam da

BURHAN SÖNMEZ é advogado especializado em direitos humanos, escritor e ativista de ascendência curda. Ferido pela polícia turca em 1996, recebeu atendimento no Reino Unido graças ao apoio da fundação Freedom from Torture. Membro do PEN International, em 2018 venceu o prêmio de literatura do European Bank for Reconstruction and Development, EBRD, pelo romance *Istambul, Istambul* (Tabla, 2021). Hoje mora entre Istambul e Cambridge, no Reino Unido.

luz do sol durante o dia. Eles eram tão reais ali como eram para nós à noite, na cama.

Na época não havia eletricidade em nosso vilarejo. Não havia estrada pavimentada até a cidade. Éramos cerca de cinquenta famílias que viviam do cultivo de trigo e cevada e do pastoreio de ovelhas e vacas. As noites eram iluminadas por lâmpadas a óleo. Do lado de fora reinava a escuridão, rompida apenas pelas estrelas, pelo latido dos cães e pelos djims. Anos depois, perguntei à minha mãe por que já não víamos djims ou ogros, e ela respondeu enfaticamente: «Porque a cidade é inundada de luz. Essas criaturas não gostam de luz, então nos abandonaram».

Enquanto viajávamos na caçamba daquela caminhonete, eu não fazia ideia de que estávamos deixando para trás nosso modo de imaginação e entrando em outro tipo de mundo. Mas pelo menos tivemos a sorte de levar uma vida dupla entre o vilarejo e a cidade, nos deslocando de um a outro todos os verões, como nômades. Vivíamos oito meses na cidade e depois voltávamos ao vilarejo para passar os quatro meses do verão e cuidar de nossos campos. Esse estilo de vida se difundiu na planície de Haymana, quando também outras famílias alugaram casa na cidade para que os filhos continuassem os estudos – e para fugir do tédio no vilarejo, embora eu não entendesse isso na época. Nós, crianças, adorávamos os dois: a cidade, com suas buzinas, seu movimento e suas luzes, e o vilarejo, onde podíamos correr livres no descampado. Os adultos, no entanto, que tinham passado grande parte da vida no campo, sentiam cada vez menos vontade de voltar para lá. E foi assim que nos anos 1960 teve iníco a vida nômade do povo da Anatólia Central. Quando a eletricidade chegou aos vilarejos em 1979, já era tarde demais para os lavradores de meia-idade reavivarem os laços com a terra natal; eles tinham criado gosto pelas estradas pavimentadas, pelas vitrines das lojas e pelos cafés movimentados – e suas lavouras de trigo e cevada lhes rendiam o suficiente para uma vida razoavelmente confortável na cidade.

Não fui o único da família a frequentar a universidade em Istambul: meus dois irmãos mais velhos e uma irmã mais nova também estudaram lá. Meu pai, um simples lavrador, conseguiu arcar com as despesas de manter ao mesmo tempo quatro filhos em uma universidade na cidade grande. Mas ao longo das décadas a Turquia tem traído sua herança agrícola e rural. Agora aqueles mesmos campos já não oferecem o suficiente nem mesmo para o sustento dos meus pais. A desvalorização da lavoura chegou a esse ponto nos dias de hoje.

Depois de ter vivido no Reino Unido por muitos anos, estou tentando recuperar minha antiga vida dupla e passo algumas semanas no vilarejo durante a época da colheita. Vou dar uma mão lá em casa. A população se reduziu à metade – não apenas a população humana, mas também a de djims e ogros restantes. Agora uma estrada em boas condições liga o vilarejo à cidade; a viagem que antes demorava três horas hoje é feita em menos de uma hora. As casas contam com luz elétrica e as pessoas raramente se reúnem à noite, pois todo mundo está diante da TV.

Todos tentam escapar do vilarejo porque ele não oferece futuro. Não há fontes econômicas para as gerações mais novas, não há trabalho, a economia agrícola se desmilingue. Os mais jovens costumavam ir para a cidade a fim de continuar os estudos, mas hoje, com a percepção de que a educação tem menos valor, eles preferem ir para cidades grandes ou para o exterior para trabalhar e ganhar dinheiro. Quase toda família tem alguém que trabalha na Europa e ajuda nas despesas de casa com remessas de moedas mais fortes. É assim que tentamos minorar a pobreza. Hoje, quando se chega ao vilarejo, basta olhar as casas e é possível dizer na hora quais famílias recebem dinheiro do exterior. No passado, nossas casas eram feitas de tijolo de barro, com paredes grossas que as mantinham aquecidas no inverno e frescas no verão. Hoje essas casas estão sendo demolidas, substituídas por novas, construídas de concreto armado. É assim que aqueles que trabalham no exterior investem na memória. Eles não têm expectativa nenhuma de morar no

Sobre djims e luz

vilarejo; apenas passam algumas semanas ali nas férias. É assim que fecham o ciclo.

Hoje o vilarejo está repleto de construções novas que ficam vazias onze meses por ano. Quando éramos pequenos, as casas de tijolo de barro ficavam abarrotadas de pessoas e djims, o campo ao redor era coalhado de borrachudos, raposas, coelhos e lobos. Hoje eles desapareceram – até os borrachudos. Os lavradores estão felizes, mas nos últimos anos houve entre eles um crescimento significativo de doenças como câncer, diabetes, problemas cardíacos e alergias fatais. As pessoas não perguntam por quê. O estilo de vida urbano é um fator importante, sem dúvida, mas a exposição a novos produtos usados nas lavouras é um vilão de peso.

A cada ano são introduzidos mais e mais pesticidas autorizados pelo governo, e não sabemos exatamente o que eles contêm. Esse é um assunto delicado. Entre 2011 e 2015, o ministro da Saúde conduziu uma pesquisa sobre os efeitos dos pesticidas e da poluição no abastecimento de água e de alimentos. Os resultados mostraram que essas substâncias nocivas foram responsáveis pelo aumento dessas doenças – e do câncer em particular. Os que estavam por trás da pesquisa optaram por não divulgar as descobertas – nem mesmo para outras áreas do ministério. O pesquisador Bülent Şık teve acesso às informações em 2018 e, corajoso, as publicou – e era preciso coragem, já que mais tarde ele foi julgado e condenado a quinze meses de prisão por «revelar documentos secretos e causar indignação pública».

Quando eu era menino, paralelamente a meus estudos seculares frequentei por oito anos a mesquita todos os verões para minha educação religiosa, e no fim recebi um diploma. A religião desempenhou um papel importante em nossa cultura e não tinha nada a ver com política. Após o golpe militar de 1980, a influência religiosa cresceu no país, promovida pelos militares na esperança de que ela de certo modo blindasse os movimentos populares de esquerda que haviam se mostrado tão combativos nas décadas anteriores. O resultado foi não apenas o recrudescimento do poder político da religião, mas também mudanças na vida cotidiana. Na época da minha formação religiosa, todos no vilarejo eram muçulmanos devotos. Os homens frequentavam a mesquita regularmente e as mulheres cobriam a cabeça ao modo tradicional, com o véu deixando um pouco de cabelo à mostra, inclusive as tranças. Era assim que elas faziam havia séculos. Agora, após vinte anos de pressão religiosa, não há uma única mulher que ainda use o véu tradicional: todas cobrem completamente a cabeça, à moda das sociedades muçulmanas mais rígidas.

A ascensão da religiosidade foi patrocinada pelos militares e, ao menos no início, pela Otan, com o propósito de reprimir ideias progressistas e construir uma barreira ao redor da União Soviética com a criação de um «cinturão verde» – verde é a cor símbolo do islã – que se estenderia do Oriente Médio à Ásia Central. A política foi desenvolvida para disseminar ideias islamitas da Turquia ao Afeganistão, explorando o poder da religião e ao mesmo tempo mantendo-a sob controle. Mas a situação desandou e a religião se tornou uma arma que fugiu ao controle, tanto no Afeganistão quanto na Turquia. O Exército turco, depois de sufocar movimentos populares de esquerda, também tentou conter a ascensão do islamismo. Mas era tarde demais. Eles foram derrotados por sua própria criação.

Se de um lado os militares impediram uma revolução moderna ao esmagar as aspirações progressistas da população, de outro instigaram uma revolução reacionária. E isso teve reflexo também no idioma turco. Fiz o ensino básico numa escola chamada Devrim. A palavra *devrim* significa «revolução». O idioma turco tem muitos empréstimos de palavras de outras línguas, inclusive do antigo otomano. «Revolução» é representada por duas palavras em turco otomano: *inkılap* e *ihtilal*. *Inkılap* significa uma revolução ocorrida por meio da transformação, e *ihtilal*, uma revolução que se dá por meio da revolta; *devrim*, porém, inclui tanto transformação quanto insurgência, o que é assustador para uma junta militar, por isso eles tiraram de circulação a bela palavra turca *devrim*.

Por consequência, a escola foi rebatizada de Inkılap. O edifício é o mesmo, mas a escola mudou.

Apesar de todas as mudanças, uma coisa permanece igual: a atitude em relação ao curdo. Quando eu era criança, era proibido falar curdo. Até conversar com os colegas era arriscado, os professores poderiam nos castigar. Mas falávamos curdo com a família ou brincando na rua. Na cidade a população era de maioria turca, mas havia uma população curda considerável que se mudara para lá, vinda dos arredores. As duas línguas até que coexistiam bem, as pessoas comuns não hostilizavam nem menosprezavam uma ou outra. A pressão vinha de cima, dos oficiais do Estado. Eram eles que encarceravam a língua curda e a baniam das escolas, dos hospitais, dos tribunais e das mesquitas. A certa altura chamaram o curdo de «turco das montanhas», alegando que não havia curdos, apenas turcos que por séculos tinham vivido isolados no alto das montanhas, e, como resultado, a língua havia perdido suas raízes e se transformado. Parece uma farsa, mas na verdade é uma tragédia, como o ganhador do Prêmio Nobel Harold Pinter descreve em sua peça *A língua da montanha*, que ele escreveu depois de visitar a Turquia nos anos 1980. E nada mudou desde então; a língua da minha infância ainda é um «turco das montanhas».

Será essa a força que me atrai ao vilarejo todos os anos? Para que eu possa falar minha língua natal e «montanhesca» e reviver as memórias da infância na época da colheita? Cada vez que vou, percebo que o vilarejo mudou, não sobrou nada do passado. Os velhos desapareceram, os borrachudos e as raposas desapareceram. As casas agora são de concreto e os novos proprietários as cercaram de arame farpado para afastar invasores. As ruas estão iluminadas, a escuridão saiu de cena, levando com ela os antigos djims e os ogros. O vilarejo parece uma moldura vazia. É como a história do desaparecimento da *Mona Lisa*. Em 1911, quando foi roubado do Louvre, o quadro já era famoso, mas ainda não tinha a aura que tem hoje. As manchetes dos jornais e as investigações da polícia atraíram uma atenção crescente, e pela primeira vez formaram-se

filas do lado de fora do museu, as pessoas entravam só para olhar o espaço vazio onde a pintura estivera pendurada. Elas olhavam para a parede nua e imaginavam a beleza que estivera ali. Era um local de sonhos, contemplação e beleza. Quando vou a meu vilarejo, enxergo algo parecido. Costumava haver casas de tijolo de barro, lobos uivando e djims. Talvez eu preencha essa moldura com minhas lembranças e meus sonhos como um modo de encerrar meu próprio ciclo.

As raízes do nacionalismo turco

Das ruínas do Império Otomano, quando turcos, curdos, armênios e gregos conviveram por séculos em um Estado multiétnico, emergiu um novo nacionalismo destinado a separar os diferentes povos e impor uma turquização compulsória cujas principais vítimas foram os armênios.

GERHARD SCHWEIZER

A banca de livros na entrada da igreja protestante armênia Gedikpaşa, Fatih, Istambul.

O ESTADO MULTIÉTNICO DOS OTOMANOS

Turcos, gregos, armênios, curdos... Para nós, hoje é natural classificar os habitantes da Turquia por etnia, e todos temos como certo que os turcos representam, de forma esmagadora, a maioria da população do país. Também parece que por séculos os turcos por etnia se apressaram em se distanciar de outros grupos étnicos em solo turco sempre que estes buscaram autonomia cultural. Mas esse comportamento e essas distinções étnicas só emergiram depois da segunda metade do século XIX, e apenas com Atatürk o Estado passou a se identificar com uma ideologia nacionalista.

Para os súditos do Império Otomano, distinções étnicas pareciam absolutamente insignificantes, e até um conceito estranho a eles. Não seria exagero dizer que, por centenas de anos, os turcos não se consideravam turcos, mas só um grupo étnico que falava turco, que não era *a* língua oficial, mas uma entre muitas – junto com o árabe, o persa, o curdo, o grego e o armênio. Não teria ocorrido a eles, do mesmo modo, usar o nome Turquia para se referir à região na qual eram a maioria da população. Os turcos, e com eles gregos, armênios, curdos e árabes, sempre se referiram a si mesmos como otomanos, empregando o nome da dinastia sob cujo domínio viviam.

Ao longo dos seiscentos anos de sua existência, o Império Otomano foi um Estado multiétnico; todos os homens, sem exceção, eram convocados para servir ao Estado, enquanto aos grupos individuais se permitia relativa autonomia de cultura e religião. A única forma de desigualdade consistia no privilégio gozado por muçulmanos (sunitas), os únicos que podiam ocupar altos cargos na esfera política. À diferença da república, no império os sultões jamais favoreciam súditos turcófonos em detrimento de outros muçulmanos ou de gregos cristãos, ou de armênios, situação que permaneceu estável até meados do século XIX. Depois que em 1829 os gregos conquistaram a independência na parte meridional da atual Grécia e estabeleceram um Estado nacional nos moldes da Europa Ocidental, outros súditos cristãos – búlgaros, romenos e armênios – começaram a vê-los como modelo, e o insuflado sentimento separatista entre cristãos otomanos representou uma ameaça crescente para a unidade do Estado multiétnico. Foi em resposta a esse cenário que uma forma de nacionalismo turco emergiu e que o chamado movimento dos Jovens Otomanos, cujo nome aludia ao desejo de reformar as estruturas otomanas sem abolir o sultanato, começou a se formar em Istambul nos anos 1860. Quase no fim do século XIX,

GERHARD SCHWEIZER é um pesquisador especializado nas relações entre Ocidente e Oriente, com vasto conhecimento sobre o mundo islâmico. Escreveu diversos livros sobre a história e as tradições persa, síria e turca, entre eles *Türkei verstehen: Von Atatürk bis Erdoğan* (Para entender a Turquia: de Atatürk a Erdoğan), lançado em 2016, do qual este artigo foi extraído.

> **«A ideia de que se deveria formar um novo Estado, povoado exclusivamente por turcos, desencadeou uma série devastadora de eventos na Anatólia, o coração do Império Otomano.»**

enquanto o movimento fortalecia seu objetivo de substituir o Estado multiétnico por um Estado nacional identificado apenas com o grupo turco, o nome Jovens Turcos passou a ser disseminado.

NACIONALISMO EXTREMO COM DIRETRIZES EUROPEIAS

Do ponto de vista intelectual, os Jovens Turcos inspiravam-se amplamente no modelo conceitual do nacionalismo europeu. À medida que a palavra «turco» começou a ganhar conotações positivas, sugerindo um povo genuíno, em contraposição à decadência da classe alta dominante, os jovens reformadores passaram a se referir às regiões com população majoritariamente turca como Türkiye – nome mais tarde adotado, com uma agenda política, para a república. Os reformadores se inspiravam sobretudo nas estruturas conceituais do nacionalismo étnico europeu. Com a ascensão dos Jovens Turcos ao poder, um processo fatídico teve início, repleto de consequências. A ideia de que se deveria formar um novo Estado, povoado exclusivamente por turcos, desencadeou uma série devastadora de eventos na Anatólia, o coração do Império. Ali os Jovens Turcos exerciam poder suficiente para alcançar seus objetivos por meio de canais militares, e os não turcos – armênios, gregos e curdos – que resistissem à turquização teriam que se haver com sequelas nefastas. As repercussões ruinosas dessa ideologia ficaram evidentes pela primeira vez no início do século

XX, quando a minoria armênia começou a pressionar por reformas sociais e autonomia cultural, algumas vozes até reivindicando um Estado independente.

O que ocorreu em seguida pesa até hoje sobre a história da Turquia e o nacionalismo turco.

O MASSACRE ARMÊNIO

No início do século XX, no extremo leste da Anatólia, próximo à fronteira da Turquia com o Irã, viviam mais de 2 milhões de armênios. Na Primeira Guerra Mundial, porém, centenas de milhares deles foram massacrados em seus vilarejos e em suas cidades por soldados turcos; outras centenas de milhares morreram enquanto fugiam ou pereceram de fome e exaustão durante a conhecida Marcha da Morte até a fronteira síria. Fontes armênias estimam o total de mortes em 1 milhão ou até 1,5 milhão de pessoas, enquanto o lado turco reconhece apenas 300 mil como número oficial e nega ter havido uma aniquilação planejada da população armênia.

Mas como esse massacre acabou ocorrendo?

Os turcos muçulmanos e os armênios conviveram em relativa paz até a segunda metade do século XIX, quando o crescimento das tensões políticas e as fraturas que começaram a se abrir dentro do império estremeceram as relações. Foi uma época sem precedentes de exploração do povo pelos governadores provinciais, que respondiam com o uso da força a qualquer tentativa de resistência a seu domínio arbitrário. O ressentimento contra esse despotismo cresceu entre os armênios, que, como os gregos, estavam cada vez mais atraídos pela Europa e manifestavam simpatia pelas diretrizes nacionalistas europeias e o desejo de ter um Estado próprio. O apoio à causa armênia veio primeiro da Rússia, cuja esfera de influência no Cáucaso setentrional confinava com o Império Otomano. Sucessivos czares almejavam aumentar sua ascendência no Mediterrâneo oriental, e essa já era uma razão suficiente para que os russos se aliassem à proposta de autonomia crescente dos armênios ou até de um Estado próprio, às custas dos otomanos.

Os sultões enxergavam o desenrolar desses fatos apenas como uma ameaça – cujas motivações seriam políticas e não religiosas. Em 1894, quando pela primeira vez os armênios se rebelaram abertamente e mataram alguns funcionários otomanos, o sultão Abdul Hamid II, ao enviar tropas às províncias conflagradas, não estava empreendendo uma campanha contra a cristandade, mas sufocando uma revolta nacionalista. Essa intervenção levou, no ano seguinte, ao primeiro massacre da população armênia, que resultou em cerca de 200 mil mortes. Mas a verdadeira tragédia só aconteceria mais tarde. Os Jovens Turcos revolucionários ditavam a agenda política em Istambul, e os armênios não podiam esperar compaixão: foram esses revolucionários os responsáveis pelo massacre de 1915. Do mesmo modo que Abdul Hamid II antes deles, os revolucionários não lutavam contra a cristandade: eram turcos nacionalistas lutando contra armênios nacionalistas, motivados pelo desejo de impedir que os armênios instituíssem, depois da iminente derrota dos otomanos na Primeira Guerra Mundial, um novo Estado no território do império que se dissolvia – e por medo de que os armênios, à medida que

a guerra avançava, apoiassem o inimigo, a Rússia.

Os Jovens Turcos desejavam fundar um Estado etnicamente homogêneo para ser terra apenas dos turcos; nesse Estado não haveria espaço para minorias que não estivessem dispostas a renunciar à sua cultura e ao seu idioma para se submeter à turquização. Como, porém, os armênios se opuseram, segundo a lógica dos revolucionários eles teriam que ser expulsos ou mortos. Mais uma vez, o objetivo dos Jovens Turcos era político, e a religião não poderia ser invocada para apoiá-los, já que a classificação étnica era estranha ao islã. Quem lhes forneceu legitimidade ideológica, nesse caso, foi o nacionalismo europeu, se bem que já em sua forma radicalizada, quando a transição para o fascismo já começava a engatinhar.

Depois da queda dos Jovens Turcos e do fim da Primeira Guerra Mundial, Atatürk se tornou o líder nacional. Mesmo não tendo participado do extermínio em massa dos armênios em 1915, ainda assim ele liderou, em 1920, uma luta penosa contra a República da Armênia, que tinha acabado de conquistar a independência e se estabelecera no leste da Anatólia com o apoio das Forças Aliadas vitoriosas – Atatürk, como qualquer nacionalista turco, rejeitou o humilhante Tratado de Sèvres e a partilha do Império Otomano, que havia garantido aos armênios um Estado próprio. Sob sua liderança as tropas turcas mataram mais de 200 mil armênios. Após essa derrota, os armênios foram obrigados a ceder toda a área da Anatólia à Turquia, e a perda de todo seu antigo território otomano reduziu a República da Armênia a uma região no Cáucaso.

Embora o nacionalismo de Atatürk diferisse em diversos aspectos daquele dos Jovens Turcos, ambos tinham em comum um ponto fundamental: o novo

DISTRIBUIÇÃO GEOGRÁFICA DE GRUPOS ETNOLINGUÍSTICOS

TURCOS
- Turcos
- Azeris
- Turcomenos
- Qarapapags
- Yörük

INDO-EUROPEUS
- Curdos
- Zazas
- Búlgaros
- Bósnios
- Gregos

SEMÍTICOS E CAUCASIANOS
- Árabes
- Aramaicos
- Circassianos
- Lazes
- Georgianos
- Abcásios

FONTE: WIKIPEDIA

Estado deveria ser turco de ponta a ponta. Nenhuma minoria poderia reivindicar o direito de existir sob o domínio de Atatürk se insistisse em manter sua etnia, sua cultura e seu idioma. E ele fez de tudo para impedir qualquer discussão sobre o extermínio armênio, alegando que um debate público inevitavelmente comprometeria a segurança da República da Turquia, pondo em risco o que havia exigido um esforço monumental para ser conquistado. Esse ponto de vista é mantido até hoje, e a atitude turca parece ainda mais desconcertante para os observadores ocidentais quando eles veem que mesmo as esferas mais altas do governo se recusam a discutir essa verdade histórica.

A ELIMINAÇÃO DO «PROBLEMA ARMÊNIO»
Qualquer pessoa que levantar em público a questão do extermínio em massa dos armênios e de outras minorias étnicas poderá ser condenada a vários anos de prisão por «depreciar a turquidade», crime prescrito no artigo 301 do Código Penal Turco. O silêncio sobre a questão dos massacres foi decretado pela primeira vez há décadas por um governo laico nacionalista, mas pouco mudou sob a liderança islâmica de Recep Tayyip Erdoğan.

Incidentes envolvendo o famigerado artigo 301 começaram a chamar a atenção da imprensa internacional já no início dos anos 1980, sobretudo quando os acusados eram turistas ocidentais. Em 10 de junho de 1982, em visita à mais famosa de todas as igrejas armênias na Anatólia, a catedral da Santa Cruz, na ilha de Akdamar, turistas alemães admiravam as magníficas fachadas ornamentadas quando o guia alemão lhes falou do extermínio em massa dos armênios em 1915. Um cidadão turco que falava alemão entreouviu a conversa e imediatamente reportou-a à polícia. O guia foi detido e encarcerado; só depois de esforços consideráveis do governo da Alemanha Ocidental sua libertação foi garantida.

No entanto, para cidadãos turcos que não contam com ajuda de fora para intervir em nome deles, processos penais dessa natureza eram e continuam sendo perigosos. Em fevereiro de 2005, o romancista Orhan Pamuk causou furor quando, em entrevista para o diário de Zurique *Tages-Anzeiger*, criticou não apenas os militares por obstruírem o desenvolvimento da democracia turca, mas também o silêncio presidencial sobre os massacres de armênios e curdos. Ele falou abertamente sobre o assassinato de mais de 1 milhão de armênios na Primeira Guerra Mundial e de mais de 30 mil curdos desde 1980. Pamuk, que naquele outono tinha acabado de receber o Friedenspreis des Deutschen Buchhandels (o Prêmio da Paz dos Editores Alemães) e que no ano seguinte ganharia o Prêmio Nobel de Literatura, foi a julgamento em dezembro de 2005. A acusação pediu uma pena severa, alegando que os comentários «ofensivos» do escritor tinham sido feitos para um jornal estrangeiro, sendo, portanto, mais perniciosos para a reputação turca. Pamuk se viu vítima de manifestantes inflamados, que o chamaram de traidor da pátria. Todavia, o julgamento foi adiado indefinidamente e mais tarde abandonado – talvez pela percepção de que ele produziria manchetes demais, causando danos piores à reputação internacional da Turquia.

Eventos semelhantes ocorreram com Elif Shafak, escritora turca nascida em Estrasburgo em 1971, em uma família de diplomatas, que logo conquistou fama internacional. Shafak também foi acusada da mesma ofensa após a publicação de seu romance *A bastarda de Istambul*, de 2006, que aborda o conflito turco-armênio pela voz de uma personagem armênia que fala abertamente do massacre de 1915. Ao contrário de Pamuk, quem tocou no assunto não foi a escritora, mas uma personagem de ficção, e foi a primeira vez que se fez uma acusação desse tipo a um escritor em um tribunal turco. O processo correu de março a 21 de setembro de 2007, quando se encerrou por «falta de provas» e Elif Shafak foi absolvida. Enquanto isso, *A bastarda de Istambul* vendeu 60 mil cópias na Turquia e depois se tornou um best-seller internacional. O sucesso do romance no país sugere que a maioria dos turcos há muito deixou de se opor à discussão da «questão armênia». (Veja «Uma autora recomenda», por Elif Shafak, na página 202.)

Uma tentativa corajosa de abordar o tema dos massacres armênios teve consequências muito mais graves para o célebre jornalista turco-armênio Hrant Dink. Fundador e editor-chefe do semanário bilíngue *Agos*, com sede em Istambul, Dink era conhecido por sua luta incansável em defesa do diálogo entre turcos e armênios que ainda moravam na Turquia, propondo uma reelaboração crítica da pesada herança do passado por parte de ambos os lados. Foi sua disposição em promover o diálogo que lhe rendeu a inimizade dos nacionalistas turcos; ela também já lhe havia proporcionado diversos meses de prisão em 2005, depois do processo que sofreu por depreciar a turquidade. Mas o maior perigo que enfrentou veio de fanáticos extremistas que ameaçavam executá-lo como inimigo da nação; essas pessoas sempre rejeitaram qualquer reivindicação de autocrítica, porque ela significaria uma revisão de suas posições extremas. Em 19 de janeiro de 2007, um jovem nacionalista matou Dink com um tiro em frente à redação da revista, em Istambul. O funeral se transformou em um ato poderoso contra o fanatismo nacionalista: quase 100 mil manifestantes, turcos e armênios, participaram de uma silenciosa marcha de protesto no centro da cidade. Os manifestantes carregavam faixas com dizeres como «Somos todos Hrant Dink», «Somos todos armênios» e «Assassino 301», em referência ao artigo da lei de penalização a quem mencionasse em público o extermínio armênio.

mostrou reticente em abolir o artigo, e nem foi capaz do gesto simbólico de enviar um representante ao funeral. Além disso, o assassino de dezessete anos foi festejado como herói nacional após sua prisão – fotografias mostram policiais e o preso segurando uma bandeira turca. Duas semanas depois do assassinato, lojas de suvenires na Anatólia registraram a alta procura por gorros de lã brancos parecidos com o que o assassino usava e que depois se tornou símbolo do nacionalismo extremista.

Em razão de desdobramentos como esses, não causa surpresa que o desejo de emigrar cresça entre os poucos armênios que continuam a viver no país. Mas quantos de-

Objetos expostos (acima, à esquerda e à direita) no memorial oficial do jornalista turco-armênio Hrant Dink (acima, no centro). A exposição foi aberta em 2019 na antiga sede do semanário *Agos*, do qual ele era editor-chefe. Dink foi assassinado em 19 de janeiro de 2007 em frente ao prédio do jornal.

No entanto, nem todas as atitudes seguiram a mesma direção desse protesto. Apesar dos gestos oficiais de preocupação com o assassinato de Dink, o governo Erdoğan se

les ainda permanecem lá e sob que condições têm vivido por tanto tempo como minoria na República da Turquia? O território englobado pela Turquia atual já teve cerca de

«Quatro entre cinco armênios na Turquia já estão turquizados e podem ser classificados, do ponto de vista nacionalista, como turcos de religião cristã.»

2 milhões de armênios. Em meados da década de 2010, havia apenas 100 mil deles, 60 mil dos quais moravam em Istambul. Pode-se ter uma ideia do estado avançado de sua turquização pelo fato de que 80% têm, quando muito, um domínio limitado da língua materna – consequência da posição dominante do turco como idioma do dia a dia, enquanto o armênio, assim como o curdo, é proibido como língua de ensino nas escolas. Essa estatística sugere que a única publicação impressa em armênio no país – as páginas bilíngues do semanal *Agos*, de Dink – é lida por apenas 20% dos armênios que vivem na Turquia, o que significa que quatro entre cinco armênios no país já estão turquizados e podem ser classificados, do ponto de vista nacionalista, como turcos de religião cristã.

É preciso reconhecer que o governo sob a liderança islâmica de Erdoğan tem se mostrado, em alguns aspectos, mais flexível com a minoria armênia do que seus antecessores estritamente seculares. Em 2005, Erdoğan anunciou que estava preparado para agir de modo conciliatório, numa tentativa de melhorar as relações entre turcos e armênios, e deu um passo decisivo nessa direção no ano em que iniciou a cuidadosa restauração da milenar catedral da Santa Cruz. Por quase setecentos anos, essa catedral – com seu monastério, hoje extinto – foi a sede do patriarca armênio e, portanto, o coração da cultura armênia. Até hoje, armênios espalhados pelo mundo têm na catedral o símbolo da história deles e até de sua identidade cultural. Depois da deportação de armênios em 1915, o Exército passou a treinar tiro ao alvo na fachada da igreja. Essa profanação, que continuou até 2003, causou protestos no mundo todo. Obrigado a tomar uma atitude, Erdoğan proibiu qualquer outro dano à construção e anunciou um projeto de restauração, com o qual assumiu um compromisso pessoal e que seria pago pelo Estado turco (1,5 milhão de dólares na época). A catedral da Santa Cruz, portanto, tornou-se o primeiro monumento armênio a ser restaurado na Turquia por ordem do governo turco.

Mas, quando, em 29 de março de 2007, uma cerimônia marcou a conclusão da obra, mais uma vez ficou claro que o problema fundamental entre os dois países permanecia insolúvel. Convidados armênios de todo o mundo puderam participar, e aqueles que compareceram ouviram o ministro da Cultura da Turquia, Atilla Koç, ressaltar, em seu discurso de abertura, que o governo Erdoğan se comprometia a proteger todas as manifestações de cultura estrangeira em solo turco. Erdoğan também havia assumido um compromisso para a cerimônia: abriria a fronteira com a vizinha República Armênia, permitindo que seus cidadãos pudessem ir ao evento pelo caminho mais direto. Mas a abertura de fronteira foi proibida pelo comando militar turco, sob a alegação de que os países não tinham relações diplomáticas. Os visitantes que partiriam da Armênia, portanto, teriam que fazer um grande desvio pela Geórgia. Ainda mais séria foi uma discussão sobre o destino da catedral: lugar de culto ou museu? O líder supremo da Igreja Apostólica Armênia, Catholicos Karekin II, recusou-se a participar da cerimônia

OS LOBOS-CINZENTOS

O lobo-cinzento, animal ainda comum nas estepes da Ásia Central onde as tribos túrquicas originalmente se estabeleceram, é símbolo da identidade e da ideologia da etnia pan-turaniana – movimento que (de certa forma) promove a união de todos os povos túrquicos. Desde o fim dos anos 1970, o veículo mais poderoso dessa ideologia tem sido um movimento ultranacionalista de direita fundado na Turquia em 1968, cujos membros são conhecidos como bozkurtlar, que em turco significa «lobos-cinzentos». O movimento era – e é – o braço combativo do Milliyetçi Hareket Partisi (MHP), ou Partido de Ação Nacionalista. Combinando anticomunismo, conservadorismo muçulmano e xenofobia («A Turquia pertence aos turcos: ame-a ou deixe-a» é um de seus slogans), os Lobos-Cinzentos foram uma temível organização paramilitar. Entre 1975 e 1980, estima-se que tenham assassinado 5 mil pessoas, sobretudo membros das minorias alevita, curda, armênia e grega. Alguns dos episódios mais terríveis foram o massacre de manifestantes de esquerda na praça Taksim (1977) e o massacre de alevitas em Maraş e Çorum (1978 e 1980). Mehmet Ali Ağca, que em 1981 atentou contra a vida do papa João Paulo II, era um lobo-cinzento. A organização também esteve por trás de uma tentativa fracassada de assassinato do primeiro-ministro Turgut Özal em 1988 e do tumulto no bairro alevita de Gazi, em Istambul, em 1995. Já no fim da década de 1990, à medida que o conflito com o PKK turco se intensificava, o nacionalismo do grupo começou a se traduzir em sucesso eleitoral, quando o MHP, sob a liderança de Devlet Bahçeli desde 1997, se tornou um aliado essencial do AKP de Erdoğan na coalizão do governo.

Acima: Crianças em uma escola armênia no porão da igreja protestante armênia Gedikpaşa, em Istambul. À direita: Uma tabela na parede da escola exibe o alfabeto armênio.

SOMOS TODOS HRANT DINK

Hrant Dink nasceu em Malatya, na Anatólia Oriental, em 1954, e se mudou para Istambul com sua família armênia aos sete anos. Depois que seus pais se separaram, ele foi mandado para o orfanato armênio de Gedikpaşa, onde conheceu sua futura mulher, Rakel. Apesar de não ter experiência em jornalismo – formou-se em zoologia –, em 1996 ele fundou a primeira publicação armênio-turca, *Agos*, para dar voz à comunidade armênia, vítima de racismo e de acusações de terrorismo na Turquia. Nas páginas do semanário, ele lutou pelo diálogo entre turcos e armênios, alcançando não apenas armênios na Turquia, mas também a diáspora e cidadãos turcos. Criticando todos em igual medida, ele denunciava o tratamento injusto da minoria armênia na Turquia e questões dentro da própria comunidade armênia, destacando violações de direitos humanos e os problemas da democratização, apontando que, «afinal, a Turquia está relutante em conceder direitos também para a maioria». Ainda que não hesitasse em empregar a palavra «genocídio», verdadeiro tabu na Turquia, ele se opôs aos esforços da diáspora de ter o reconhecimento oficial do genocídio de 1915, assim como a seu uso para fins políticos, acusando a Alemanha de trazê-lo à mesa para impedir o acesso da Turquia à UE. Acreditava que os armênios da diáspora deveriam poder viver livres do peso da memória histórica, dando prioridade às necessidades da maioria ainda viva: «As relações entre turcos e armênios devem ser içadas de um poço de 1915 metros de profundidade».

depois que o Ministério das Relações Exteriores turco – sob pressão dos militares e de partidos políticos de orientação estritamente secular – negou seu pedido de realizar uma cerimônia religiosa na ocasião. Tampouco participou do evento Mesrob II Mutafyan de Constantinopla, patriarca da Igreja Armênia na Turquia, ao ter negado seu pedido de no futuro pelo menos uma cerimônia por ano ser realizada na catedral.

Dois passos para a frente, um passo para trás – esse é o padrão que caracteriza os desdobramentos recentes das relações entre turcos e armênios. No próprio Erdoğan vemos expressas essas contradições: de um lado, ele se viu alvo de críticas veementes de muitos nacionalistas por garantir a restauração do mais valioso santuário sagrado armênio; de outro, respondeu com igual ferocidade quando Estados estrangeiros decidiram reconhecer como genocídio o massacre dos armênios durante a Primeira Guerra Mundial. 🐦

Este artigo foi adaptado de um excerto do livro *Türkei verstehen: Von Atatürk bis Erdoğan*, de Gerhard Schweizer, publicado em 2016 pela Klett-Cotta Verlag.

Uma fábula sem final feliz

No coração da bacia mesopotâmica, berço de uma das civilizações mais antigas do mundo, Hasankeyf deveria ter sido uma das principais candidatas à lista de Patrimônio da Humanidade da Unesco. Em vez de ser inundada por turistas, a cidade foi tragada pelas águas do rio Tigre.

ERCAN Y YILMAZ

Murat, que nasceu e cresceu em Hasankeyf, do lado de fora de sua antiga casa; a construção está parcialmente coberta pelas águas que sobem cada vez mais, vindas do rio Tigre represado na barreira de Ilısu.

AMARELO E AZUL

No dia em que partimos num trailer aberto a reboque de um trator para fazer uma viagem pela história, eu tinha sete anos; nosso destino, cerca de 12 mil. Todos me disseram que era bonito, nobre. Eu estava prestes a vê-lo pela primeira vez. Pela primeira vez seus ares preencheriam meus pulmões; pela primeira vez meus olhos seriam ofuscados por seus muitos matizes de amarelo; pela primeira vez em meus ouvidos ressoaria o farfalhar das folhas de suas romãzeiras; pela primeira vez meus pés deixariam um rastro em seus caminhos de pedra. Eu estava ofegante – sem dúvida um pouco por causa das condições da estrada, mas o que me fazia perder o fôlego era a emoção da viagem. A razão da minha emoção: a história.

Nós cantamos e batemos palmas ao longo do percurso, o som dos pneus e do escapamento misturando-se ao ritmo. Agarrei com força a lateral do trailer, como tinha sido orientado, e nem me passava pela cabeça ficar em pé. Além do balanço do veículo, o vento ameaçava meu corpo franzino – não seria preciso mais do que uma lufada para eu sair voando. Mas naquele dia não havia nuvens no céu, seria um domingo glorioso. Um sol ainda morno mal se fazia ver, mas já tingia as montanhas de amarelo. Imersos numa realidade amarela, meus olhos, franzidos pelos raios de sol incipientes, pareciam hipnotizados por aquelas montanhas. Os diferentes amarelos ao meu redor – das montanhas, do sol, da estrada, das lavouras, dos montes de feno – pareciam ainda mais bonitos quando combinados uns aos outros. Eu me lembraria desse momento muitos anos depois, ao contemplar *Campo de trigo*, de Van Gogh. Porém, mesmo ao me lembrar, teria dificuldade em encontrar palavras para descrever aquela emoção. A razão da minha dificuldade: as memórias.

Meu pai ia sentado ao lado do meu tio, que estava ao volante. De vez em quando ele olhava para trás, confirmava se eu estava sentado, depois voltava a olhar para a frente. Era uma estrada acidentada, a gente sacudia o tempo todo. Os lábios grossos do meu pai se moviam sob o bigode. O vento tinha aberto alguns botões de sua camisa e a inflava como uma vela. Minha mãe, de olho nos picos amarelos, estava sentada ao lado da cunhada. A viagem a deixava mareada e ela não conseguia participar da diversão. Tinha uma expressão melancólica. Quando lhe perguntamos por que estava daquele jeito, ela disse: «Vocês sabem que eu fico enjoada». Nós sabíamos tanto quanto ela permitia que soubéssemos. Ela também disse: «É tão bonito aqui». E em seguida exclamou, com uma vez aguda: «Que absurdo!». A razão dessas palavras: um infortúnio iminente do qual eu ainda não tinha conhecimento.

Eles disseram que ainda demoraria meia hora para chegar, mas essa meia hora não passava como qualquer meia hora da vida. A natureza e a lógica do tempo tinham sido descartadas pela emoção e pela importância do nosso destino – os minutos simplesmente se arrastavam. Inventei de tudo para me manter ocupado: contei as árvores junto à estrada, mas a brincadeira logo perdeu a graça; tentei contar os cordeiros dos rebanhos de ovelhas, mas isso também não durou muito. Nada que eu fazia ajudava o tempo a

---

ERCAN Y YILMAZ é escritor e professor universitário de literatura, natural da cidade de Batman, no sudeste da região da Anatólia. Ele editou diversas revistas de literatura, entre as quais *Öykü Gazetesi* e *Askıda Öykü*, e escreveu para publicações nacionais como a *Birikim*. Autor de poemas, contos e romances, além de roteirista de um curta-metragem, Yilmaz recebeu diversos prêmios literários turcos, entre eles o Necati Cumalı e o Yaşar Nabi Nayır.

> «Naquele dia eu vi a cidade pela primeira vez, e sempre que a visse de novo me lembraria dessa ocasião. A descrição da vista: beleza. Seu nome: Hasankeyf.»

passar. Era como se a engrenagem do relógio do meu coração tivesse sido bloqueada por uma pedra que impedia o avanço dos ponteiros. Mas eu continuava firme, determinado. Lutava havia horas para fazer os segundos passarem. Vi depressões nas encostas. Perguntei o que eram, mas minha mãe não me ouviu porque o barulho do trator abafou minhas palavras. Repeti a pergunta mais alto. «Cavernas. São cavernas, mas prometa que não vai entrar em nenhuma delas», ela disse. «Tá bom», eu disse e continuei contando. Vinte e sete, vinte e oito, vinte e nove, vinte e dez... Ainda não sabia contar até trinta. Comecei de novo. Um, dois, três, quatro... Mais do que contar, eu queria mesmo me enganar. «Mas, mãe, por que eu não posso entrar nas cavernas?», perguntei, falando bem alto. Ela não me ouviu. Repeti a pergunta ainda mais alto. Minha tia respondeu: «Há forasteiros escondidos nelas». («Forasteiros», *ên derve*, é como às vezes se designam os guerrilheiros curdos.) Minha mãe olhou feio para a cunhada, irritada. Depois me pegou pela mão e me puxou para perto dela, me segurando junto a seu corpo. «Não, não tem ninguém dentro das cavernas. Não fique com medo, querido. Elas só estão cheias de terra e poeira, só isso.» Eu me perguntei do que é que deveria ter medo. Mas minha mãe estava me segurando tão apertado que eu não conseguia falar. Ficamos daquele jeito por algum tempo, o calor da minha mãe, os tons de amarelo. Quando todo mundo virou o rosto para a direita, me dei conta de que havia alguma coisa para ver e espichei o pescoço sob o braço da minha mãe, para dar uma olhada também. Um rio em forma de S brilhava azul, com espuma branca se acumulando em torno das pedras.

Apoiei o queixo na mão e fiquei olhando, maravilhado. Sacudido pelo balanço do trator, me deixei embalar pela calma da água. O nome daquela água: tranquilidade. O nome do rio: Tigre.

«Já estamos chegando?», perguntei, acho que pela centésima vez. Minha mãe me respondeu a mesma coisa: «Agora não falta muito». Depois acrescentou: «É logo do outro lado daquela colina». Eu preguei os olhos na colina, para não perder o momento da revelação. Amarelo de novo. Mas dessa vez havia uma faixa de um azul lindo correndo ao lado e relances do verde de um canavial. Tentei manter o olhar fixo, para não deixar passar nada. «Mãe, é bonito?» Cansada das minhas perguntas, ela respondeu com enfado: «É lindo, muito lindo». Repeti a resposta em voz alta: «Lindo, muito lindo». Pensando que eu caçoasse dela, minha mãe franziu o cenho. Voltei a olhar o rio e avistei homens pescando. Eles pareciam os ceifadores de Van Gogh nos campos de trigo perto do vilarejo de Auvers-sur-Oise, nos arredores de Paris. Apareciam e desapareciam. De tamanho indiscernível, misturavam-se às cores ao redor. A única diferença era o azul no lugar do amarelo, a água correndo em vez das espigas de trigo secas. Cinco pescadores. Meu pai os notou também. Ele e meu tio iam pescar sempre que podiam. Meu pai mostrou os pescadores a meu tio, que buzinou para saudá-los. Os pescadores responderam erguendo as mãos. Deixamos os pescadores para trás, mas meus olhos continuaram neles. Dois puxavam uma rede – um deles em uma *kelek*, a jangada tradicional que se usa nos rios –, o outro nadando.

Uma fábula sem final feliz

138 THE PASSENGER Ercan y Yilmaz

Os demais tiravam os peixes apanhados na rede e os jogavam na margem do rio. Meu pai tinha me levado para pescar duas vezes. Os peixes que pegávamos se debatiam na areia, e muitos eu joguei de novo na água. Enquanto eu me perdia nas lembranças daquele dia, minha mãe me cutucou: «Olha Hasankeyf ali!». Naquele dia eu vi a cidade pela primeira vez, e sempre que a visse de novo me lembraria dessa ocasião. A descrição da vista: beleza. Seu nome: Hasankeyf.

BRANCO

É difícil falar de Hasankeyf. Eu me sentei para escrever este texto, ansioso, mas não fazia ideia de por onde começar. Por vários dias me levantei da mesa sem ter escrito nenhuma palavra. Em vez de respostas, dezenas de perguntas surgiam na minha cabeça, uma depois da outra. O que é Hasankeyf? Quem é Hasankeyf? Hasankeyf é ciência ou emoção? É arte ou natureza? Flor ou inseto? Âmbar que flutua ou seixo que afunda? Há quanto tempo Hasankeyf está de pé e para quê? Hasankeyf é rebelião ou esquecimento? As respostas, como tartarugas tímidas do Eufrates, se recusavam a dar as caras. Então tentei resgatar a Hasankeyf guardada em mim. As perguntas me faziam ir e voltar pela cronologia da minha vida. Do encanto daquela primeira vez que vi a cidade ao desalento da última visita... O tempo corria diante dos meus olhos e essas perguntas continuavam a aparecer como lampejos, rasgos nas telas brancas de Lucio Fontana. Como se tudo aquilo de que Hasankeyf era feita logo fosse começar a vazar por aqueles rasgos – suas plantas, seus insetos, seus répteis, seus pássaros...

Em 1972, a antiga cidade de Hasankeyf ganhou o status de município. Em 1981, foi declarada área protegida. Em 16 de maio de 1990, quando Batman se tornou uma província, Hasankeyf se tornou um distrito.

Antiga cidadela localizada na Alta Mesopotâmia, Hasankeyf é um complexo monolítico às margens do rio Tigre na região conhecida como Crescente Fértil, onde foram encontrados túmulos que mudaram nosso entendimento da história humana. Em Göbekli Tepe, descobriram-se recentemente ruínas de um antigo templo de 12 mil anos; em Karahan Tepe, um túmulo considerado o «duplo» de Göbekli Tepe, dadas as semelhanças entre os dois; Nevalı Çori está hoje coberto pelas águas de um reservatório junto com seus artefatos de 10 mil anos, o mesmo ocorrendo com o também antigo Çemka, no bairro de Dargeçit da província de Mardin. Todos eles muito próximos. Foi no Crescente Fértil que a humanidade deu o primeiro passo para uma existência fixa, onde se praticou pela primeira vez a agricultura e onde, com a cultura dos templos, surgiram a religião e a adoração.

Hasankeyf é a joia da região, embora não se saiba quem a fundou nem quem foram seus primeiros habitantes. Diversas fontes dizem que tais fatos permanecem obscuros «apesar das pesquisas», mas é evidente que nenhuma investigação ampla foi de fato realizada. O que se sabe é que a construção da cidadela de Hasankeyf data do século IV d.C. e que ela mudou com frequência de mãos entre o Império Sassânida (no Irã atual) e os bizantinos, dada sua localização estratégica. De um lado, há a Rota da Seda, que vai da China à Europa, passando pela Índia, pelo Irã e pela Península Arábica; de outro, as margens do Tigre, que corre rumo ao sul, partindo de Diyarbakır, na fronteira Elazığ, deixando a Turquia e

À esquerda: Fotografia da cidade de Hasankeyf em um antigo folheto turístico – preservado em um restaurante na Nova Hasankeyf – mostra a cidade antes da inundação.

Uma fábula sem final feliz

passando pelas cidades de Mosul, Tikrit, Samarra, Bagdá, Kut e Amarah antes de se juntar ao Eufrates em Basra e de desaguar no Golfo Pérsico. Hasankeyf, portanto, situa-se num ponto de encontro de culturas, numa encruzilhada por cujo controle exércitos se enfrentaram. A cidadela foi construída por ordem do imperador romano Constantino II, como defesa contra as incursões sassânidas depois que ele adquiriu o controle de Diyarbakır e da área que a cercava. Foi graças a essa cidadela que, depois da Batalha de Samarra, em 363 d.C., Hasankeyf permaneceu por um longo período sob o domínio romano e bizantino.

A cidadela foi esculpida em uma rocha monolítica, a 135 metros de altura, rodeada de encostas íngremes. As duas estradas de acesso podiam ser controladas por quatro portões monumentais, dos quais o último remanescente, negligenciado, não foi capaz de resistir às intempéries e ruiu no ano 2000. No interior da cidadela há monumentos que datam dos períodos romano, artuqui, aiúbida e otomano; acredita-se que as cavernas, cerca de 2 mil, serviram de morada para urartus, assírios e sumérios. As casas nas cavernas acima da cidadela, que os moradores chamam de Yukarı Şehir (Cidade Alta) e İç Kale (Cidadela Interna), existem até hoje. Erguendo-se sobre o Tigre, a cidadela parece um assentamento medieval. Assim como casas e moradas em cavernas, na Cidadela Interna podem-se encontrar o grande palácio, locais de sepultamento, um mausoléu, a grande mesquita, um salão de orações e uma madraça. Ainda é possível ver o que resta do sistema hidráulico – inclusive encanamentos e canais escavados na rocha – que levava água do vale duzentos metros abaixo para atender à população.

Com a construção da cidadela, o cristianismo se espalhou rapidamente pela região, e Hasankeyf se tornou a sede do patriarcado siríaco. Em 451, no Concílio de Calcedônia (Kadıköy), o líder do bispado recebeu o título de cardeal. Foi no concílio que se empregou o nome «cefas» pela primeira vez, termo que se acreditava derivar da palavra «pedra» em siríaco (*kifo*) e em assírio (*kipani*). Então, o nome dado a essa cidade, lar de diferentes culturas, foi Hesna Kepha em siríaco, ou Hisni Keyfa em árabe, traduzido como fortaleza de pedra. O nome se tornou Hasankeyf durante o período otomano. O escriba otomano Kâtip Çelebi registrou que a cidade era conhecida como Ra's al Gul (Cabeça da Rosa), enquanto o nome curdo é Heskîf.

Mas o folclore local tem outra explicação para a origem do nome. Reza a lenda que há muitos e muitos anos um pastor de nome Hasan se apaixonou pela filha do sultão, e foi correspondido. Quando o sultão descobriu, quis pôr fim ao romance e separar os dois jovens a qualquer custo: afinal, tinha uma reputação a zelar... Porém, por mais que tentasse, não conseguia impedi-los de se encontrarem. Temendo que com o tempo os sentimentos do casal saíssem de controle, ele decidiu resolver a situação de uma vez por todas e mandou o pastor para o calabouço. Mas nem isso pôde impedir o encontro dos amantes. A moça descobriu uma passagem pelas rochas que levava à masmorra, e fugia do palácio para ir ver o amado em segredo. Quando o sultão ficou sabendo, prendeu a filha no quarto mais alto do palácio. Temendo que nem isso fosse suficiente para dar um basta ao amor dos dois, ele não teve escolha a não ser matar Hasan. Disse a seus homens que concedessem um último desejo ao pastor antes de executá-lo. «Deixem-me andar uma última vez pela cidade com o meu rebanho», foi a resposta do condenado. Sob o olhar atento dos guardas do palácio, ele foi ao encontro de seus animais. Quando chegou à ponte que cruzava o Tigre, acompanhado de suas ovelhas, Hasan parou e olhou para o palácio. Bem naquele momento a filha do sultão, inconformada, resolveu tirar a própria vida e pulou da janela de seu quarto lá no alto do palácio. Ao ver a amada precipitando-se no Tigre, Hasan compreendeu que eles poderiam se unir no além e se lançou nas águas – foi então que ouviram-no gritar: «Hoje é o dia da alegria de Hasan». Aqueles que testemunharam o afogamento dos amantes o descreveram como «*Hasan'ın keyfi*» (a alegria de Hasan), frase que ao longo do tempo se tornou Hasankeyf. Para os nativos, foi assim que a cidade foi batizada.

Se o nome da cidade se originou de uma trágica história de amor ou de características geológicas, não importa: Hasankeyf é tida como o berço da civilização. Também se referem a ela como «cidade das cavernas» por causa de suas inúmeras grutas – na verdade, em curdo, a área é conhecida como a região das *şikefta* (cavernas). De acordo com o Ministério da Cultura turco,

O GAP VERSUS HASANKEYF

A barragem de Ilısu é parte do imenso Projeto do Sudeste da Anatólia (Güneydoğu Anadolu Projesi, GAP), criado em prol do desenvolvimento de uma das regiões mais atrasadas da Turquia. Originalmente uma ideia de Atatürk para resolver a carência energética da região aproveitando o poder das águas dos rios Tigre e Eufrates, o projeto abrange 22 barragens em território turco, alimentando dezenove usinas hidrelétricas e afetando nove províncias da Bacia Mesopotâmica. O GAP foi traçado nos anos 1970, com planos de irrigação e de produção de energia hidráulica; no início da década de 1980, transformou-se em um programa de desenvolvimento social multissetorial que também engloba sete aeroportos.
O plano da barragem de Ilısu remonta aos anos 1950, mas só obteve financiamento no fim da década de 1990; as fundações foram assentadas em 2006 e a construção teve início dois anos depois. O custo foi de cerca de 1,7 bilhão de dólares. Trata-se da segunda maior barragem da Turquia em capacidade e da quarta maior em geração de energia: ela deve produzir 4.200 gigawatts de eletricidade por ano. Muitas das pessoas afetadas pela construção da barragem – 110 mil, somados os habitantes de Hasankeyf, a população evacuada pelo Exército turco nos anos 1990 e as 3 mil famílias nômades que viviam ao longo do Tigre – são curdas. A construção da barragem sofreu uma desaceleração no decorrer dos anos por causa da desistência de parceiros internacionais, apreensivos com danos a patrimônios arqueológicos e ao meio ambiente. A redução do fluxo de água do Tigre também ameaça países vizinhos mais adiante no curso do rio, Síria e Iraque, que já são assolados pela seca.

Páginas 142 e 143: A ponte de Hasankeyf um dia depois de seu fechamento, em 18 de fevereiro de 2020; ela já está quase toda submersa pelas águas do Tigre.

há 4 mil delas em Hasankeyf, mas, como essa estimativa data dos anos 1970, cálculos atuais falam de 6 mil a 8 mil cavernas. Enquanto a geografia da área dificulta a definição exata desse número, nenhum esforço real tem sido feito para torná-lo preciso. Tampouco se sabe quando as cavernas foram usadas pela primeira vez como moradia. Descobriram-se vestígios que sugerem que a cidade tenha 12 mil anos, porém muitos acreditam que ela seja ainda mais antiga. Como cidade do Crescente Fértil com o maior número de cavernas, Hasankeyf oferecia abrigo para antigas civilizações que dominavam a Alta Mesopotâmia – medos, sumérios, assírios e babilônios. As cavernas, que até a década de 2000 continuaram sendo usadas como casa, mantêm-se inalteradas.

Hasankeyf foi uma das mais importantes capitais islâmicas medievais. Em 639, durante o califado de Omar, os muçulmanos conquistaram a cidade pela primeira vez. Ao domínio omíada-abássida seguiu-se o dos hamadânidas de 906-990 e depois o dos marvânidas de 990-1096. Mais tarde ela foi governada pelos artuquis (1102--1232), pelos aiúbidas (1232-1462) e pelos Aq Qoyunlus (1462-82). Quando o poder do Aq Qoyunlu enfraqueceu, os aiúbidas tomaram a cidade mais uma vez. Em 1515, após um curto período de domínio safávida, os otomanos assumiram o controle de Hasankeyf. No decorrer de tudo isso, a cidade viveu duas idades do ouro e um período de grande declínio. Os anos dourados ocorreram durante os períodos artuqui e aiúbida, e a maioria dos artefatos

e monumentos da região foram ou produzidos durante essa época ou sobreviveram desde a Idade Média até os dias de hoje devido a uma preservação cuidadosa nesses períodos. Depois que a cidade foi pilhada em 1260 durante a invasão mongol, um dos ataques mais bárbaros da história, Hasankeyf jamais recuperou sua antiga glória.

Um de seus monumentos mais famosos é a antiga ponte, construída não se sabe exatamente quando – há quem diga que foi edificada sobre as ruínas de uma estrutura romana anterior –, mas pelas incisões e baixos-relevos supõe-se que seja de origem artuqui. Sobreviveram uma pequena arcada e quatro píeres; o vão entre os dois centrais mede cerca de quarenta metros, o que leva a pensar que poderia apresentar uma ponte levadiça de madeira. Uma das pontes mais longas daquela época, era bastante admirada e foi mencionada nos registros de muitos viajantes do período, inclusive os do estudioso árabe do século XIII Izz al-Din ibn Shaddad, que a descreveu do seguinte modo: «A ponte foi construída com pedras. O meio, no entanto, tem uma seção de madeira que pode ser recolhida quando um inimigo ataca a cidade, fechando assim a passagem». Outros monumentos históricos importantes foram: a tumba do bei Zeynel Mirza – morto quando lutava contra o sultão Maomé, o Conquistador, na Batalha de Otlukbeli –, construída por seu pai, o comandante Aq Qoyunlu Uzun Hasan; o hamam da era artuqui; o Zawiya (monastério) do imã Abdullah; a mesquita de Er-Rizk e a mesquita da era aiúbida Kızlar (ou Mesquita das Donzelas); o complexo do sultão Suleyman; e as igrejas de Kısır, Shabik e Deriki.

E depois há a flora e a fauna ao redor de Hasankeyf, natureza que será devastada pelas águas do reservatório Ilısu.

PRETO

Nas perguntas que lampejam pela minha cabeça, as cores de Hasankeyf passam de branco para preto, de amarelo para cinza, de verde para marrom, de azul para cor de lama. Nós na Turquia estamos diante de um governo que, ao defender sua política de destruição, nunca nos deixa esquecer, nem por um segundo, que essas mudanças cromáticas estão acontecendo em nosso cotidiano. Sobre a destruição da história, eles dizem: «E daí? São só alguns cacarecos». Sobre a destruição da natureza: «São só umas poucas árvores». E sobre essa antiga cidade: «Não passa de algumas pedras e de um punhado de cavernas». Esse mesmo líder,

Recep Tayyip Erdoğan, em 2006, incentivando o uso de força, até da força letal, pela polícia, disse: «Seja mulher ou criança, vamos fazer tudo que for necessário». Eles estão cometendo uma série de massacres – da natureza, de pessoas. Compartilhamos com Hasankeyf o mesmo destino. Todos os dias testemunhamos um novo massacre da natureza, da história, da cultura. Florestas são queimadas para que hotéis brotem das cinzas, pessoas são assassinadas e logo surgem juízes para absolver os assassinos. Empreiteiras dispostas a verter um mar de concreto sobre tudo que é belo se multiplicam com o apoio estatal. Jornalistas e escritores são jogados na prisão, enquanto

AS LÍNGUAS CURDA E TURCA COMPARADAS

O desejo de liberdade linguística é uma questão essencial na Turquia, onde há muito as minorias que não falam turco são oprimidas – falar curdo em público foi proibido por muitas décadas. Milhares de nomes de lugares curdos, assim como armênios, gregos e georgianos, foram substituídos por nomes turcos. A postura oficial se abrandou no século XXI, mas os curdos exigem o direito de usar a língua curda no país, na área da educação em regiões de maioria curda. Desde 2005, apenas no Iraque o curdo, ao lado do árabe, é considerado uma língua oficial. A língua turca não tem quase nada em comum com o curdo. Primeira língua de 80 milhões de pessoas, o turco pertence à família altaica, como outras línguas túrquicas, a exemplo do mongol e possivelmente (muito de longe) do japonês e do coreano. No Império Otomano, a língua oficial era uma versão do turco com influências marcadas do árabe e do persa,

mas para Atatürk a língua era o instrumento central para dar cabo das minorias: na época da campanha Cidadãos Falam Turco!, lançada em 1928, era dever dos cidadãos se certificar de que todos falavam a mesma língua – sob pena de serem condenados ao ostracismo. Em 1932, criou-se a Associação da Língua Turca para substituir o turco otomano por uma língua-padrão baseada no dialeto de Istambul, sem estrangeirismos. No mesmo período, assistiu-se à troca do alfabeto baseado no sistema árabe pelo alfabeto latino. O curdo, no entanto, assim como o inglês e a maioria das línguas europeias, pertence à família indo-europeia. Com 30 milhões de falantes, 14,5 milhões deles na Turquia, é a língua mais falada nas regiões de maioria curda na Turquia, na Síria, no Iraque e no Irã (às vezes chamadas de Curdistão), embora ela não tenha uma forma escrita desde o século XV. No entanto não se trata de uma única língua, e sim de um conjunto de dialetos cujos grupos principais são curmânji, sorâni e pehlewani, sendo o curmânji o mais difundido na Turquia.

Uma fábula sem final feliz

«Hasankeyf, um lugar que guarda traços de diversas civilizações; Hasankeyf, nosso patrimônio mundial compartilhado, foi destruída à vista de todos.»

fundamentalistas, assassinos de mulheres e abusadores de crianças ganham liberdade condicional por bom comportamento.

Hasankeyf, a mais recente vítima daqueles que sonham com um futuro de concreto para as futuras gerações, vai ser submersa pelas águas do reservatório de Ilısu, um vilarejo do bairro de Dargeçit, na província de Mardin. Aa barragem foi construída ali. O antigo nome do vilarejo era Germav, que significa «fonte termal» em curdo. É apenas um dos milhares de lugares que mudaram de nome na Turquia porque o nome original era curdo, armênio, georgiano, siríaco ou grego. O vilarejo agora empresta seu nome atual à barragem que vai engolir Hasankeyf. A maioria dos residentes foi removida de suas casas e realocada em alojamentos sociais em vilarejos dos arredores. Agora, enquanto as águas sobem, Ilısu está completamente submersa, a água subindo aos poucos, rumo ao berço da civilização.

Um estudo publicado pela Universidade de Istambul em 17 de abril de 2009 apontou que Hasankeyf e o vale do Tigre cumpriam nove dos dez critérios necessários para sua inclusão na lista de Patrimônio da Humanidade da Unesco, talvez o maior *score* entre os integrantes da lista: a Grande Muralha da China, por exemplo, cumpre cinco; as pirâmides, três; Angkor Wat, no Camboja, dois; o Taj Mahal, um; o Grand Canyon, nos Estados Unidos, quatro; Veneza e sua lagoa, cinco. Dos próprios patrimônios turcos incluídos na lista da Unesco, a Capadócia e o Éfeso cumprem dois cada um, Pamukkale três, a grande mesquita de Divriği, um. Para Hasankeyf, no entanto, nunca se fez nem sequer um pedido de inclusão. Hasankeyf, um lugar que guarda traços de diversas civilizações; Hasankeyf, nosso patrimônio mundial compartilhado, foi destruída à vista de todos sem levar em consideração as consequências da construção da barragem e, ainda por cima, sem ter sido feita uma avaliação dos impactos ambientais e sem que fossem apresentadas alternativas. Sempre que alguém se pronunciava, dizia-se que também havia razões de «segurança» por trás da construção da barragem. Embora isso nunca tenha sido declarado pelas autoridades, com frequência foi sugerido que, entre essas razões de segurança, estava acabar com os pontos de passagem e os abrigos usados pelas guerrilhas curdas do PKK e assumir o controle do fornecimento de água no Oriente Médio. Ao insinuar que o espaço para manobra das guerrilhas seria restringido quando as águas da represa subissem e enchessem as cavernas e o vale, o Estado tentou desestimular protestos da população – e de modo geral teve êxito. Até 2010, os protestos contra a barragem foram apenas regionais; em 2010, graças a uma iniciativa da associação turca dos direitos da natureza Doğa, figuras famosas como Orhan Pamuk, os cantores Tarkan, Teoman e Sezen Aksu, e o ator Okan Bayülgen se pronunciaram contra o reservatório, e os

À direita: Motocicleta estacionada em uma das cavernas que há muitas centenas de anos serviram de moradia ao povo de Hasankeyf antes que as pessoas fossem forçadas a se mudar.

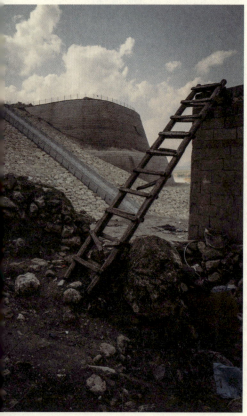

À esquerda: Uma escada instável apoiada em uma casa abandonada em Hasankeyf; ao fundo, a construção que vai formar a barragem assim que toda a antiga cidade estiver inundada.
Acima: Moradias em cavernas de Hasankeyf.
Na página ao lado: A construção de concreto que sepultou a antiga mesquita da cidade.

149

O PKK

Em 1978 Abdullah Öcalan fundou o Partido dos Trabalhadores do Curdistão (PKK), um grupo paramilitar que visava a criação do Estado independente no Curdistão, na área entre as fronteiras da Turquia, da Síria, do Iraque e do Irã. Em 1980, o governo turco proibiu a disseminação da cultura curda no país; em 1984, o PKK decidiu passar para a luta armada – atentados terroristas de ambos os lados sacrificaram dezenas de milhares de vítimas. Com a prisão de Öcalan em 1999, o PKK reduziu suas reivindicações de maior autonomia cultural e política, mas não desistiu. Em 2013, da prisão Öcalan anunciou uma trégua com o Estado turco – já em 2009 o governo Erdoğan adotara uma postura mais conciliatória, e a notícia foi divulgada depois de longas conversas com o serviço secreto. O Partido Democrático dos Povos (HDP), pró-curdo, chegou ao Parlamento turco em 2015 e imediatamente se alinhou à oposição, e assim Erdoğan perdeu a maioria. Para conquistar os votos nacionalistas, o presidente reagiu com uma campanha anticurda; a paz não foi muito longe, e a trégua acabou oficialmente suspensa em julho de 2015. Em represália ao atentado de Suruç (a explosão de uma bomba que matou dezenas de ativistas curdos), que alguns acreditavam ter sido realizado com a cumplicidade de autoridades turcas, o PKK matou três policiais. Erdoğan respondeu bombardeando bases do PKK e prendendo ativistas e simpatizantes curdos. A retomada da guerra devastou o sudeste do país, particularmente Diyarbakır, a capital (não oficial) das áreas de maioria curda do país, e Cizre, que foi sitiada e arrasada.

parceiros internacionais do projeto recuaram. O processo de paz entre o PKK e os turcos, iniciado em 2009, também teve peso. Durante o processo, as obras ficaram praticamente estagnadas, mas, quando em 2014 as tratativas de paz malograram, tudo recomeçou – um claro sinal de que a barragem é um projeto tanto político quanto militar.

Muitas pessoas também acreditam que a destruição de um assentamento tão importante atende a outro propósito: apagar totalmente a lembrança da presença histórica dos curdos na região. Entre as muitas potências que dominaram Hasankeyf, houve diversos Estados curdos: medos, hurritas, mitanis, hamadânidas, os marvânidas e os aiúbidas. Acredita-se que isso teve um papel importante na eliminação das provas antes que qualquer estudo arqueológico fosse conduzido. Disfarçado de «iniciativa de desenvolvimento regional» e «megaprojeto», o Projeto do Sudeste da Anatólia (GAP) foi concebido para apagar a história, enquanto também serve de instrumento de assimilação. Os patrimônios históricos que foram destruídos, danificados ou inundados pela barragem poderiam facilmente ter dado uma contribuição significativa para a economia por meio de iniciativas turísticas de baixo investimento, que também teriam protegido a história e os habitats naturais da região. Se o objetivo tivesse sido de fato o desenvolvimento regional, as cidades de Samsat, Belkıs e Halfeti teriam sido transformadas em paraísos turísticos, e Hasankeyf não estaria prestes a se afogar nas águas do reservatório. O GAP, do qual a barragem de Ilısu é parte, foi designado para apagar a história curda sob pretexto de levar segurança para a região.

As origens de tais estratégias podem ser encontradas nas políticas de assimilação dos anos 1950. Cabe ressaltar que a cronologia da barragem avançou na época dos governos

> «Enquanto enterrava seus pincéis nas areias do Tigre em Hasankeyf, o artista curdo Ahmet Güneştekin disse: 'Estou aqui porque é aqui que eles querem enterrar minhas fábulas, minhas lendas, minhas histórias, meus épicos'.»

nacionalistas e depois dos golpes militares. Os planos para o reservatório foram inicialmente apresentados em 1950, após as eleições que marcaram o fim da era unipartidária do país. Os primeiros estudos se seguiram ao golpe militar de 1971. Depois de outro golpe em 1980, o trabalho passou para o desenho de uma planta, aprovada em 1982 e finalmente posta em prática no governo do AKP e de Recep Tayyip Erdoğan. Os projetos de assimilação e os massacres que tiveram início há setenta anos ainda estão sendo postos em prática, e talvez com mais entusiasmo do que nunca. A destruição dos espaços culturais e o assassinato de inocentes que se abrigavam em porões durante os toques de recolher de 2015 em Diyarbakır e Cizre só podem ser explicados pela guerra aberta do governo AKP e sua política de erradicação de todas as formas de diversidade.

Doğa declarou: «De acordo com dados da Universidade Dicle, em Diyarbakır, estudos ambientais só foram conduzidos em 5% da área de quatrocentos quilômetros que será afetada pelo projeto da barragem de Ilısu». Eles queriam construir a barragem sem realizar nenhuma pesquisa sobre a biodiversidade da maior parte do Tigre ou o nível de destruição ambiental que poderia ocorrer – e, infelizmente, tiveram êxito. O único argumento apresentado por aqueles favoráveis à barragem é que ela forneceria eletricidade – no entanto a barragem de Ilısu irá operar com 36% da capacidade, o que a tornará uma das hidrelétricas menos eficientes do país.

O volume de água a ser armazenado vai modificar o clima da região. Os níveis de oxigênio e a qualidade da água vão baixar, a lama vai se acumular e muitas espécies ficarão à beira de extinção. As mais afetadas serão a tartaruga de casco mole do Eufrates, o abutre-fouveiro, a hiena-listrada, o martim-pescador, o peneireiro-das-torres, o abelharuco-persa e o álamo do Eufrates. E ainda há as pessoas. Sessenta mil, 20 mil delas crianças, vão sofrer um impacto direto, perder casas, vilarejos, campos e jardins. Nas cidades que as acolherão, haverá problemas de integração social e desemprego. Da mesma forma que é impossível manter Hasankeyf viva transportando alguns de seus monumentos para um novo local, também será impossível para sua população seguir com a vida morando em blocos de concreto depois de perder seus jardins. A expropriação não foi regulamentada, e fixaram-se valores de compra muito baixos para as propriedades. A nova cidade foi construída do outro lado da barragem. As casas oferecidas à população têm vista para a barragem que inundou os túmulos de seus ancestrais, para as ruas de sua infância, para os campos e jardins de sua juventude. A compensação oferecida para aqueles que não quiseram se mudar para o novo assentamento foi insuficiente para que comprassem uma casa, então são obrigados a alugar uma moradia. Aqueles que não tinham escolha senão se mudar para o novo assentamento têm pela frente a perspectiva de desemprego à medida que diminuir a quantidade de terra cultivável.

Enquanto enterrava seus pincéis nas areias do Tigre em Hasankeyf, o artista curdo Ahmet Güneştekin disse: «Estou aqui

Uma fábula sem final feliz

Acima: Portas quebradas abandonadas perto da «nova Hasankeyf».

porque é aqui que eles querem enterrar minhas fábulas, minhas lendas, minhas histórias, meus épicos. Este é o lugar da história que deu vida à minha pessoa, à minha arte, à minha cultura. Aqui jazem os traços da civilização... Agora eles querem enterrar Hasankeyf. Se for para Hasankeyf submergir, então que meus pincéis, ferramentas da minha alma, também submerjam. Que sejam enterrados junto». E o artista depositou seus pincéis nas margens do rio, para que descansassem na consciência daqueles que desejavam alagar Hasankeyf.

Hasankeyf hoje não passa de concreto. Todos os seus amarelos, verdes e azuis se tornaram cinza. Hoje Hasankeyf veste preto, porque nessas terras o pesar por essa herança, por esses milhares de anos de história, vai existir para sempre.

CINZA

Todos nós temos lugares especiais nos vilarejos e nas cidades em que crescemos. São aqueles de que mais sentimos falta. No meu caso são as ruas de Batman, onde eu vendia iogurte – e Hasankeyf. Sempre que voltava para visitar minha família, eu perambulava por aquelas ruas e ia até Hasankeyf. Dessa vez foi diferente. Eu queria ir a Hasankeyf, mas tinha medo da devastação que encontraria. Depois de hesitar um pouco, decidi não ir. Enquanto andava pelas ruas de Batman, conheci um jovem jornalista. Nós nos seguíamos nas redes sociais, mas aquela era a primeira vez que nos víamos pessoalmente. Ele me disse: «Ainda há esperança para Hasankeyf». Contou que um grupo de escritores, músicos e artistas estava preparando um vídeo. «Ainda há esperança!», repetiu. Ainda havia esperança. Sempre há. O túmulo do bei Zeynel foi desmontado e transferido para outro lugar, assim como o do hamam da era artuqui, o santuário do imã Abdullah e o portão principal da cidadela de Hasankeyf. Os monumentos ficaram muito danificados durante esse processo. No entanto, ainda havia esperança para a antiga cidade de Hasankeyf, com suas cavernas, centenas de criaturas vivas e sua natureza de tirar o fôlego. Eu queria ser tragado pelo grito mobilizador do jovem jornalista. Trocamos telefones e nos despedimos. Algum tempo depois ele me telefonou. Queria me entrevistar sobre a revista de contos *Öykü Gazetesi*, cujas atividades tínhamos acabado de encerrar, e sobre um livro meu que estava prestes a ser publicado. O local da entrevista: Hasankeyf. «E também vamos fazer um vídeo curto sobre Hasankeyf», ele acrescentou. Eu me lembrei de seu grito mobilizador, «Ainda há esperança!». Num primeiro momento hesitei, depois aceitei. «Quando?», perguntei. «Hoje.» E assim lá estávamos nós dois em meu carro, na estrada para Hasankeyf. Ao longo do caminho, ele me contou o que planejavam fazer pela cidade, mas eu só conseguia pensar no que iria encontrar quando chegássemos.

Estacionei na entrada de Hasankeyf. Saímos do carro. Imediatamente fomos cercados por um grupo de crianças que queria nos contar a história do lugar, que elas sabiam de cor. Uma falava em inglês, outra em turco. Uma terceira disse: «Podemos falar em árabe e em curdo também, se vocês quiserem». Nós agradecemos. Ajustamos a câmera em um lugar de onde se podiam ver a ponte, a cidadela e o Tigre, um lugar que deveria nos mostrar os gloriosos amarelos, azuis e verdes de Hasankeyf. Mas agora tudo que víamos eram os tons cinzentos do concreto. Um rio lamacento, as muralhas da cidadela revestidas de concreto, uma antiga ponte coberta, preparada para seu sepultamento aquático... Com tristeza víamos a histórica ponte de pedra de Hasankeyf, as pernas pesadas por causa do concreto, se rendendo

às águas azuis do Tigre. A alegação de que os píeres da ponte seriam protegidos dos efeitos nocivos da água era claramente falsa. Uma das razões de os apoiadores europeus do projeto em 2011 terem recuado foi por não haver um plano de preservação de tudo que ficaria submerso quando as águas subissem. Apenas como exibição, as autoridades propuseram usar câmaras a vácuo, para responder a uma das preocupações dos novos apoiadores. Havia planos alternativos que poderiam ter salvado inteiramente Hasankeyf. Mas sua sentença de morte já havia sido assinada.

Eu lembro o dia em que vi pela primeira vez essa paisagem, aos sete anos, o dia em que atravessamos o rio em *keleks*, o dia em que viemos praticar rafting com um grupo de fotografia, o dia em que comemoramos o casamento de um amigo. E lembro todas as noites em que, sem conseguir dormir, eu fugia para cá e me refugiava no Tigre, a ouvir sua voz. Uma sucessão de lembranças de tempos felizes costuma marcar o fim de alguma coisa. Dessa vez quem estava encarando seu desaparecimento iminente era a cidade de 12 mil anos.

Enquanto gravávamos o vídeo, olhando para aqueles blocos horrorosos de concreto que se erguiam do Tigre, nós dois nos agarrávamos ao menor lampejo de esperança. Em novembro de 2019, o bazar histórico da cidade foi desativado. Em dezembro de 2019, a bela estrada sinuosa de nossa infância que levava a Hasankeyf foi fechada para o tráfego. A barragem estava começando a encher. Fevereiro de 2020. As águas subiram. A água chegou ao berço da civilização como uma horda de bárbaros que destrói tudo pelo caminho. Esse conto antigo não tem um final feliz. Hasankeyf se afogou nas águas do Tigre, as mesmas águas que lhe deram voz. Hasankeyf está debaixo d'água. 🐦

«Eu rimo Istambul»: de Kreuzberg para a Turquia e da Turquia para Kreuzberg

O rap turco surgiu primeiro no bairro de Kreuzberg, em Berlim, e chegou a Istambul na década de 1990, onde permaneceu como um gênero marginalizado por muitos anos. Explodiu no mainstream nos anos 2010, época propícia para que se tornasse a principal voz de protesto da geração do Gezi e de suas reivindicações por espaço físico e cultural.

BEGÜM KOVULMAZ

Şamil Oymak, também conhecido como Şam, durante uma apresentação no Nayah, em Kadıköy, Istambul.

Dos incontáveis versos escritos em honra dessa capital de três impérios, talvez o mais conhecido e amado seja de Orhan Veli Kanık, uns dos primeiros nomes que nos ocorrem quando pensamos na poesia turca: «Fecho os olhos e escuto Istambul». O inovador Orhan Veli rejeitou a tradição clássica e nos anos 1940 começou a introduzir em sua poesia coloquialismos e cenas da vida cotidiana; em 1947, três anos antes de sua morte, por hemorragia cerebral, aos 36 anos, ele escreveu o poema de versos livres «Escuto Istambul» ao voltar de uma viagem a Ancara. Nas seis estrofes, cada uma iniciada e concluída com o verso « Fecho os olhos e escuto Istambul», o poeta fecha os olhos e subverte a hierarquia tradicional dos cinco sentidos; ele flutua sobre a cidade, sobre o Bósforo, sobre os mercados de rua e as calçadas à tardinha, descrevendo tudo que seus sentidos captam, e, quando à noite a lua nasce, ele se encontra com uma amante que talvez seja a própria cidade.

Hoje já não é possível ouvir grande parte daquilo que Orhan Veli escutava ao fechar os olhos: o murmurar de um vento que sopra docemente e o farfalhar de folhas que balançam em um galho são engolidos pelo incessante tráfego que se infiltra em cada esquina; o som delicado, suave, de uma sineta de vendedores de água, de uma rede sendo recolhida, de pés descalços entrando no mar foi substituído pelo barulho dos canteiros de obras, do retinir das rodinhas de malas, dos chamados para orações, das sirenes e buzinas. No entanto, até hoje a ideia de fechar os olhos e escutar a cidade repercute profundamente na população – prova de que Istambul deve possuir uma qualidade

sinestésica, alguma coisa a ser experimentada por meio do som e não da visão. «Escuto Istambul» tornou-se um slogan, um tema, cooptado e usado de diversas maneiras – o projeto «Leio Istambul», do Ministério da Educação, de incentivo à leitura; a decisão das autoridades municipais de chamar a maratona da cidade de «Corro Istambul» – com propósitos comerciais ou para aumentar a consciência pública. «Escutar Istambul» tornou-se o lema da cidade.

Segundo o poeta irlandês Seamus Heaney, a sensibilidade poética das pessoas está inextricavelmente ligada àquilo que as cerca – à noção de casa, onde buscam apoio quando procuram se lançar no mundo, base emocional que alimenta sua imaginação, lugar para o qual se voltam quando precisam de uma base sólida. Também no hip-hop a ideia de pertencimento sempre foi valorizada; é o elemento que o distingue de outros movimentos da juventude e de outras subculturas. Desde sua concepção, o rap sempre foi a voz do ego – os artistas são seus próprios assuntos, os centros de seus universos, e aquilo que os cerca é uma lente através da qual eles desenvolvem um modo peculiar de ver o mundo. Uma das regras tácitas é que, como gênero, o rap deve traçar uma caracterização abrangente do lugar e da comunidade de onde vem e sempre reconhecer as fontes que o inspiraram e o definem.

Por isso não surpreende que o primeiro rap bem-sucedido escrito em Istambul por rappers de Istambul tivesse adotado Istambul como tema e se baseado no verso de Orhan Veli gravado na consciência coletiva. «İstanbul», a quarta faixa do álbum *Meclis-i Âlâ İstanbul* [Alto Conselho de Istambul], lançado em 2000 pelo grupo Nefret,

BEGÜM KOVULMAZ cursou literatura inglesa na Universidade de Istambul e fez doutorado em cinema e TV na Universidade Bilgi. Desde o ano 2000 trabalha como tradutora e editora, e escreve sobre arte e cultura. É aficionada do rap.

> «Istambul no ano 2000, segundo Ceza e seu parceiro rapper Dr. Fuchs, é uma cidade 'difícil e abarrotada de gente, asfixiada pelo concreto, imunda e cruel', mas que ainda assim é a cidade deles.»

foi possivelmente o primeiro rap da história do país a se tornar um hit nacional, com seu videoclipe transmitido pelos canais abertos da TV turca. A música enfatiza a devastação que a migração rural-urbana e a globalização infligem à vida da cidade, e seu refrão termina com o gancho «Fecho os olhos e escuto Istambul». No terceiro verso, o rapper Ceza homenageia explicitamente o poeta com os versos «O que eu quero hoje, Orhan Veli descreveu/ Quando fechou os olhos lá atrás». Istambul no ano 2000, segundo Ceza e seu parceiro Dr. Fuchs, é uma cidade «difícil e abarrotada de gente, asfixiada pelo concreto, imunda e cruel», mas que ainda assim é a cidade deles. Os autodeclarados «soberanos de Istambul/ e reis do rap turco» fustigam aqueles que abusam da cidade – a cidade que eles amam, «com todas as suas delícias e problemas».

O que surpreende é como essa música é construída. Ela começa com os sons de um sintetizador acompanhado por uma *bağlama* acústica, instrumento semelhante a um alaúde (o fundamento da música folk turca), tocada ao vivo no estúdio durante a gravação. A esse *ostinato* logo se junta uma batida, scratches do DJ convidado Mahmut (que inclui diversos solos de scratch), instrumentos de corda que recriam os sons da música turca tradicional e violinos que acentuam a batida e imitam o gênero popular arabesk. No refrão, uma voz feminina operística entoa o nome da cidade como num coro bizantino. Com os elementos melódicos em primeiro plano, a faixa logra criar um som raivoso, melancólico e solene, valendo-se das diversas tradições musicais da Turquia multicultural.

A Istambul de Ceza e Fuchs pode ser turbulenta e brutal, mas «é nossa e sempre será». Além de apresentar as características do gênero e reivindicar seu lugar de origem, o rap também se vale de bordões nacionalistas e mesmo chauvinistas, herdados do primeiro rap turco de sucesso: em 1995, cinco anos antes que o Nefret lançasse «İstanbul», o grupo alemão Cartel explodiu «como uma bomba de rap» na consciência nacional turca.

O rap turco tem suas raízes em certa área de Berlim. Os habitantes de Kreuzberg eram, em sua maioria, turcos da classe trabalhadora que haviam se mudado para a Alemanha nos anos 1960, estimulados pelo programa *Gastarbeiter* (Trabalhador Convidado), projeto político alemão que pretendia atrair mão de obra barata. Os primeiros imigrantes viveram sobretudo em alojamentos, mas logo passaram a se beneficiar das leis de reunificação familiar e trouxeram seus parentes, estabelecendo-se nas vizinhanças mais baratas e decrépitas próximas ao Muro de Berlim, sobretudo em Kreuzberg. O *Gastarbeiter* era temporário, portanto os filhos da primeira leva de imigrantes turcos cresceram sem nunca se integrar à cultura alemã nem conhecer o país de onde seus pais vieram.

Nascido nos anos 1970 no South Bronx de Nova York, no início da década de 1980 o rap já tinha chegado à Alemanha, onde era tocado em clubes e nas rádios. Mas foi por meio de filmes norte-americanos como *Style Wars*

«Eu rimo Istambul»: de Kreuzberg para a Turquia e da Turquia para Kreuzberg

No alto: Çağrı Sinci durante uma apresentação em Nayah, Kadıköy, Istambul. No centro: Ceza se apresentando em Bahçeşehir, Istambul. Embaixo: O rapper Kamufle em um show em Kadıköy.

(1983) e *A loucura do ritmo* (1984) que os jovens alemães de fato se familiarizaram com a cultura do hip-hop. O nascimento do rap turco foi um processo ligeiramente mais orgânico, resultado das interações entre os soldados norte-americanos da Guerra Fria posicionados ao longo do Muro de Berlim no fim dos anos 1980 e a segunda geração de turcos que viviam ali. A voz da minoria oprimida afro-americana nos Estados Unidos repercutiu nos jovens imigrantes da Alemanha. Muitos integrantes dos primeiros grupos de rap alemães, como o Advanced Chemistry e o Absolute Beginners, eram de origem estrangeira – africana (particularmente de Gana), haitiana, italiana –, e os filhos dos turcos espremidos entre o Muro de Berlim e as áreas mais classe média da cidade viram no hip-hop um espaço no qual construir uma identidade autônoma, definida nos termos deles, independente das regras do Estado, dos códigos sociais alemães e turcos e das expectativas dos pais.

Nos anos 1990, depois da queda do Muro de Berlim, a Alemanha começou a implementar a *Ausländerpolitik*, política de imigração que agora incentivava as pessoas a voltar a seu país de origem. Com o crescimento da xenofobia, os jovens turco-alemães encontraram no rap um poderoso instrumento político de resposta ao racismo e às ideologias de direita. Em maio de 1993, a casa de uma família de imigrantes turcos em Solingen foi alvo de um ataque incendiário e cinco pessoas morreram, entre elas três crianças. Dois anos depois, foi criado o grupo de rap Cartel, e seu vídeo de estreia – exibido com frequência nos principais canais de música da época – começava com trechos do noticiário sobre o atentado de Solingen. Em seu primeiro show, os músicos curdos, alemães e cubanos do Cartel fizeram algo inédito: rap em turco. No mesmo ano, lançaram seu álbum epônimo de rap em língua turca, cujas músicas conclamavam jovens

imigrantes turcos na Alemanha a permanecerem unidos contra o racismo e a injustiça, e a se orgulharem de sua identidade. O disco foi bem recebido na Alemanha e, de forma surpreendente, mais ainda na Turquia, onde alcançou imenso sucesso comercial. Em 1995, nos Estados Unidos, enquanto a dupla de rap Luniz havia tomado o lugar de Michael Jackson no topo das paradas de R&B com o álbum *Operation Stackola* (que trazia o sucesso «I Got 5 on It»), na Turquia o Cartel alcançou igual sucesso com «Cartel». Naquele ano o grupo se tornou o primeiro e único grupo de rap a se apresentar no estádio İnönü, que já havia sido palco de shows como os de Madonna, Michael Jackson, Guns N'Roses e Metallica. O Cartel misturou as batidas de rap ao folk turco tradicional e à música pop, e seu posicionamento contra o neonazismo atraiu nacionalistas turcos. O verso «turco louco dos infernos» da música «Cartel» ecoava a percepção que a sociedade tinha deles. A faixa chamava atenção por conferir um viés moderno a velhos slogans nacionalistas e apresentá-los em um contexto renovado, e a grande mídia foi rápida em acolhê-la, tanto que ficou extremamente popular.

Ceza e Dr. Fuchs, do Nefret, tinham, respectivamente, dezoito e dezessete anos quando o Cartel tomou de assalto o país, e teria sido impossível que não se deixassem influenciar pelo estilo e pelas preocupações do primeiro grupo a fazer rap em turco. Não só os clichês nacionalistas das letras de «İstanbul», mas também o sotaque com que Ceza e Dr. Fuchs cantavam e as poses que faziam nos vídeos apresentavam sinais claros da influência da subcultura marginal *almancı* (turco-alemã). No entanto, se a forma e o conteúdo da música do Cartel seguiam os passos do hino de gueto do N.W.A., «Straight Outta Compton», com ênfase no *éthos* e na identidade gangsta, «İstanbul», o sucesso do Nefret, poderia ser comparado, na abordagem de questões sociais, a uma versão mais raivosa do álbum urbano-realista *The Message*, de 1982, do Grandmaster Flash.

Ceza e Dr. Fuchs criaram o Nefret em 1998, e, embora tenham oferecido diversas explicações para o nome (que significa «ódio») que escolheram, gosto de pensar que eles tenham se inspirado no filme atemporal e universal do francês Mathieu Kassovitz *O ódio*, de 1995, lançado na Turquia em 1996. Retratando 24 horas da vida sem rumo e extraordinariamente difícil de três jovens imigrantes de diferentes origens étnicas, todos morando na mesma *banlieue* parisiense, esse clássico cult conquistou os jovens marginalizados da Europa no ápice da transformação cultural mundial influenciada pelo hip-hop e pelo cinema norte-americanos. Os jovens na Turquia, cujo desenvolvimento sociocultural fora severamente prejudicado pelo golpe militar de 1980, viviam uma situação parecida. Depois que o regime militar, para punir a juventude universitária, chegou a banir toda a música pop do único canal de TV, a emissora estatal TRT, nos anos 1990 o país se integrou avidamente ao fluxo do neoliberalismo global. A sociedade turca, firme na órbita do capitalismo global com canais pagos de TV e rádio, descobriu então o fast food, as revistas, os shopping centers, e as gerações mais jovens conseguiram, com certo atraso, alcançar seus pares na geração MTV. Se os anos 1980 foram dominados pelo gênero híbrido arabesk – expressão da busca por identidade e pertencimento de migrantes rural-urbanos –, os anos 1990, que abriram o país para o mundo, assistiram à ascensão da música pop turca e de suas estrelas nacionais. Nos anos 1970, a moda do rock da Anatólia tinha preparado os universitários de classe média do país para a ascensão global do rock alternativo, e agora bandas regionais como Mavi Sakal (Barba Azul), Kramp, Whisky e Pentagram produziam

ARABESK

Como sugere o nome, esse gênero musical de origem árabe – deriva das músicas que acompanham a dança do ventre – é permeado por sons orientais. Exatamente por essa razão ele não era popular entre a elite da recém-criada República da Turquia, empenhada em garantir que a população se voltasse para o Ocidente na música – financiando escolas de música clássica, jazz e tango – e em outros âmbitos, com a introdução do alfabeto latino e a substituição do fez otomano pela cartola. Mas nem a proibição de ouvir músicas árabes, determinada em 1948, conseguiu conter a paixão das pessoas, que para driblar o veto sintonizavam na Rádio Cairo e ouviam um dos primeiros artistas de arabesk, Haydar Tatlıyay. O amor era o tema de muitas canções, é claro, expresso com suspiros e soluços contra um fundo de instrumentos de corda. No entanto, a palavra que mais caracteriza o gênero é gurbet, saudade da terra natal. O arabesk se tornou a trilha sonora da migração dos anos 1950 e 1960 das cidades e dos vilarejos da Anatólia para os centros urbanos de Istambul, Izmir e Ancara. Orhan Gencebay e outros representantes desse cenário, artistas como Müslüm Gürses e İbrahim Tatlıses, vieram do leste do país e cantaram sobre essa saudade de suas raízes rurais. No entanto, enquanto o tom fatalista do arabesk e seu sucesso avassalador incomodavam muitos intelectuais, que o consideravam um estilo musical pobre, àquela altura até políticos já o haviam adotado, principalmente o ex-primeiro--ministro e presidente Turgut Özal, que se confraternizava com músicos de arabesk e se servia das canções deles em suas campanhas eleitorais.

seus melhores álbuns, apresentando-se em turnês regulares. O rock era amplamente aceito como a música da juventude rebelde, enquanto sua rival, a música eletrônica, havia se firmado na vida noturna do país nos anos 1970 – rotulada como «disco music», servira de trilha para muitos filmes. O rap ainda engatinhava nos Estados Unidos, e na Turquia era praticamente desconhecido. Seu alcance não ia além dos aparelhos de som a pilha de um pequeno grupo de jovens da cidade-satélite de Ataköy, na região de Bakırköy, em Istambul. Eles passavam os dias andando de patins e de skate, fazendo grafites e pichações, e à noite dançavam break no imenso tabuleiro de xadrez a céu aberto conhecido como Satranç.

O lançamento em 1999 da coletânea *Yeraltı Operasyonu* (Operação clandestina) foi um momento decisivo. Lançada pelo selo independente Kod Müzik e produzida pelo artista de hip-hop Tunç «Turbo» Dindaş, foi fundamental para dar visibilidade ao rap e a suas primeiras estrelas. Logo o selo Hammer Müzik – cuja loja havia sido o paraíso dos aficionados de rock e metal desde que em 1991 abrira as portas na meca da cultura alternativa de Kadıköy e na galeria Akmar Pasaji – começou a representar os direitos de gravação dos artistas que participaram do *Yeraltı Operasyonu*, e nos dez anos seguintes o rap turco foi definido por um punhado dos trinta e tantos álbuns que o Hammer Müzik lançou entre 2000 e 2004. *Meclis-i Âlâ İstanbul*, do Nefret,

foi o primeiro deles. Quando Dr. Fuchs foi cumprir seus dezoito meses de serviço militar obrigatório, Ceza começou a trabalhar em um álbum solo, *Med-Cezir* (Maré), lançado em 2002, mesmo ano em que o conservador AKP venceu sua primeira eleição geral. O ano de 2004 assistiu ao lançamento do álbum duplo de duas horas e meia de Sagopa Kajmer *Bir Pesimistin Gözyaşları* (Lágrimas de um pessimista), que os fãs consideram uma espécie de enciclopédia do rap e cujas batidas melancólicas e letras elegíacas marcaram a tradição do rap turco. Autocentrado a ponto de beirar o narcisismo, o rap é, por natureza, competitivo, e a Turquia logo passou a contar com uma miríade de poetas populares aspirantes entre os quais escolher.

Em 2002, quando fiquei sabendo pelo Ekşi Sözlük (Dicionário Amargo, site e comunidade on-line que desde 1999 funciona como um banco de dados da juventude turca) que Ceza lançara *Med-Cezir*, fui direto ao Hammer Müzik comprar uma das 3 mil cópias prensadas, ainda que já fosse raro pagar por um CD, e escrevi sobre ele no Ekşi Sözlük. A expansão dos MP3s, que logo transformaria a indústria global de música, já estava em andamento no fim da década de 1990 com a passagem da mídia física para a digital, mas eu não esperava que o álbum de Ceza fosse vazado on-line. Embora sempre tivesse sido fã de rock e punk e uma integrante orgulhosa da tribo grunge, também tinha adorado o álbum *Doggystyle*, de 1993, do Snoop, e a natureza recorrente e previsível das batidas do rap me dava uma sensação de segurança. No rap, em primeiro plano está a voz, meu instrumento favorito, e uma boa batida era tanto o parque de diversões do MC como um meio para deixar o ouvinte mais receptivo à letra. Eu sabia que uma música nunca era apenas uma música; eu sabia que ouvir alguma coisa como «Serial Killa» – a faixa mais gangsta de *Doggystyle* – não necessariamente me faria sair por aí atirando em alguém, mas certamente poderia me ajudar a ir melhor na prova de matemática. Até uma faixa de gangsta rap poderia ser um espaço estético no qual a violência física e a agressão assumiam implicações simbólicas; o gangsta rap podia oferecer perspectivas diferentes do mundo e das experiências da pessoa, exprimir seus sentimentos reprimidos, oferecer um novo ponto de vista ou uma saída, ajudar a estabilizar suas emoções. Qualquer um poderia criar uma boa música, mas um álbum inteiro era outra coisa.

Eu estava curiosa a respeito do *Med--Cezir*, que abria com o grasnar de gaivotas, o barulho de ondas e os versos «Um vagabundo que quer ser poeta/ Uma alma desesperada sem vontade de viver...». Ceza – sua voz de tenor furiosa repicando alto como um sino – anunciou a existência do estilo de Istambul e do underground do Bósforo, dos quais eu nunca tinha ouvido falar. Ele era tecnicamente um MC talentoso, com dicção clara e elocução ligeira. Seu trabalho apresentava uma batida suave e discreta, e sua voz garantia seu próprio ritmo, bem solto. «O Hannibal Lecter dos microfones» estava no controle, Istambul era sua cidade, Üsküdar era seu bairro, ele tinha até um bando e era tão insolente quanto sugeria seu nome (que significa «castigo»): «Vocês aí, MCs novatos, peguem suas fraldas e venham até mim/ Vou foder com vocês na ponte do Bósforo, onde a Ásia e a Europa podem ver». Ele era irascível, ele

era melancólico, ele era revoltado, ele era engraçado, ele era sincero. Não havia músicas românticas em *Med-Cezir*, o coração «de reator» de Ceza batia apenas pelo rap.

Dois anos depois, seu disco *Rapstar* – que vendeu mais de 100 mil cópias – confirmou que Ceza tinha vindo para ficar, e na década seguinte ele lançou um novo álbum a cada dois anos. Portanto, apesar do papel ainda marginal que o rap ocupava na indústria musical turca, numa época em que nem sequer era considerado música, Ceza levou a cultura do hip-hop ao mainstream, e é difícil imaginar a história do rap turco sem ele. Ceza tem sido chamado de vendido por fazer duetos com artistas pop e estrelar comerciais de TV, mas antes dele era inimaginável que um rapper saído do underground cultural turco pudesse ter êxito. Eu também consigo entender sua ingenuidade política; eu também fui daquela geração bem específica que nasceu na época do golpe de 12 de setembro, cresceu nos assépticos anos 1980, com a política mantida estritamente separada da vida cotidiana, nossa infância analógica seguida de anos digitais. No decorrer de sua carreira no rap, que agora se estende por mais de vinte anos, Ceza foi notícia apenas por sua música e seus ocasionais (e bastante contidos) insultos. Todos os olhos continuam pregados nele, mas ele mantém sua cara de paisagem; ele sempre se apresentou ao vivo em intervalos de poucas semanas.

A ascensão do rap turco no início dos anos 2000 desacelerou no fim da década; a indústria musical, as emissoras de rádio, os canais de TV e a imprensa fecharam suas portas para o gênero. Mas o sucesso da música arabesk nos anos 1980 tinha mostrado que uma forma banida ou marginalizada poderia transcender os lugares, as ruas e os espaços de onde tinha vindo e passar a ser o foco das atenções. Embora alguns artistas – como Ceza, Sagopa, Fuat, Mode XL

5 FAIXAS DE HIP-HOP ESCOLHIDAS
PELA AUTORA

Ceza
«Med Cezir»
2002

Kayra
«Kafamda Cehennem»
2019

Çağrı Sinci
«Lobotomi»
2017

Otonom Piyade
«Varyete»
2017

İstanbul Trip
«Kural ne bilmiyorum»
2019

Você pode encontrá-las, junto com muitas outras, em uma playlist criada por Begüm Kovulmaz em: open.spotify.com/iperborea

Acima: Apresentação do 90 BPM no Babylon no bairro de Şişli, Istambul.
À direita: Kamufle durante um show em Kadıköy.

«Eu rimo Istambul»: de Kreuzberg para a Turquia e da Turquia para Kreuzberg   163

No alto, à esquerda: Um fã de Ceza durante uma apresentação em Bahçeşehir. No centro: Çağrı Sinci em seu bairro natal, Kadıköy. Abaixo, à direita: Kayra durante um show no Babylon. Embaixo: Kamufle se apresentando no Babylon.

164 THE PASSENGER Begüm Kovulmaz

de Ancara ou Yener Çevik e Anıl Piyancı de Izmir – já estivessem bem estabelecidos, o rap turco se recolheu para o novo underground: a internet. Os artistas de hip-hop e seus jovens ouvintes urbanos começaram a se organizar on-line, encontrando-se nas mídias sociais e em outras plataformas baseadas na rede. A evolução e a democratização dos equipamentos de gravação digital permitiram que músicos amadores produzissem em casa, compartilhassem imediatamente suas criações e alcançassem sua principal audiência sem precisar recorrer a intermediários, conquistando, assim, cada vez mais ouvintes.

Durante os protestos do parque Gezi, ficou claro que o rap era a trilha sonora da geração mais jovem e que, além de estimular o sentimento de identidade local, ele também podia ser um veículo por meio do qual vocalizar questões locais. As ações tinham começado em 2012, levando ONGs, associações comerciais, organizações de bairro e indivíduos a se posicionarem contra os planos – anunciados no mesmo ano – de derrubar o parque Gezi e transformar a área da praça Taksim, o coração pulsante de Istambul, em um canteiro de obras e paraíso de investidores. Em 5 de janeiro de 2013, o grupo Tahribad-ı İsyan (Revolta contra a destruição) se apresentou na praça Taksim para protestar contra a remodelação do parque. O grupo tinha sido fundado em 2008 pelos alunos do curso colegial Slang e Zen-G; naquele ano, o histórico bairro cigano de Istambul, Sulukule, estava passando por um processo de gentrificação urbana imensamente impopular, e de fato a primeira música da dupla foi escrita em protesto contra a destruição daquela vizinhança, que era a deles. Junto com o rapper Fuat Ergin, eles figuraram na instalação de vídeo *Harikalar Diyarı* (País das Maravilhas), de Halil Altındere, na Bienal de Istambul de 2013, posteriormente adquirida para integrar a coleção permanente do MoMA em Nova York. Slang e Zen-G começaram a fazer música no Centro Infantil de Música e Artes de Sulukule, fundado por voluntários locais na época em que a área estava sendo devastada. Embora hoje trabalhem em projetos individuais, os dois assumiram a administração do centro de artes e planejam incluir crianças do centro em seus shows e espetáculos teatrais.

A trilha sonora dos protestos de Gezi foi, pois, o rap. Artistas como Şiirbaz, Hidra, İnfaz, Joker, faixas como «Çare Var» (Existe um caminho), de Kdr e Kafi, que traz os versos «Quando Tio Sam se mandou de Incirli para bombardear Bagdá/ O tão muçulmano sr. Recep Tayyip só se fez de cego», ou «Guerrilla Warfare II», de Şanışer e Alef High («Estamos nas ruas, 100 mil em força; a polícia, as pessoas, o barulho das sirenes; 480 horas confrontando o fascismo – Gezi resiste!»). A faixa «Gönüllü Ordusu» (Exército voluntário), de *Indigo*, de 2014, cita e celebra cada um dos sete manifestantes que morreram durante os protestos: «Eu pensava que o policial que disparou a arma também era vítima/ Que se foda! Não quero saber se tá arrependido/ Ele vendeu a alma quando vestiu o uniforme/ Soldados vendidos, todos vocês, mas Gezi é um exército voluntário». O hip-hop se tornava uma espécie de barômetro do humor e do ânimo da população; os rappers acumulavam capital social e começavam a entender e a abraçar a ideia de que a voz deles poderia ser a única e verdadeira voz da «Nova Turquia». O rap tem sido objeto de estudos analíticos desde que começou a se espalhar pelo mundo, e o teórico Mark Fisher já o acusou de ter «uma espécie de superidentificação com o aspecto mais predatório e mais impiedoso do capital» (a ideologia neoliberal que ele chamou de «realismo capitalista» em seu livro homônimo de 2009), mas o que aconteceu durante os protestos de Gezi mostra que o hip-hop também pode ser um campo de batalha de uma resistência localizada contra o domínio global dessa mesma ordem neoliberal.

Existe um consenso de que a mais recente e maior onda de popularidade do rap turco, ainda em curso, esteja ligada a um álbum lançado em 2017, não na capital dos três impérios, mas em Ancara, a capital da República da Turquia. Antes disso, no entanto, alguns sinais já insinuavam que essa explosão logo viria. No álbum *Hal ve Gidiş Sıfır* (Zero de conduta), do Otonom Piyade, de 2017, os rappers Saian e K"st foram direto ao ponto: «O sistema está em casa, na sala de aula, no céu, e é o totalitarismo». O som firme do álbum de protesto deles é um grito de guerra do início ao fim: «Vou escrever minha música com sangue novo, numa língua que rime revolta com rebelião». Teóricos como Mark Fisher e críticos musicais como Simon Reynolds já enfatizaram a tendência do rap ao materialismo niilista e argumentaram que ele nunca poderia existir fora da esfera de influência do capitalismo que Frederic Jameson designou como «espaço global e totalizante do novo sistema mundial». Mas é de se perguntar, como fez Richard Shusterman em 1992, em *Vivendo a arte – O pensamento pragmatista e a estética popular*, «por que a conexão lucrativa do rap com algumas [das] características [desse sistema que tudo abrange] invalida o poder de sua crítica social». Como Çağrı Sinci, um rapper do bairro de Karşıyaka, em Izmir, cantou em «Dönek Dünya» (Mundo instável), «Vocês não entendem a gente com suas teorias sociológicas,/ A gente não tem bancos pra nos ajudar, só bancos vazios pra sentar».

A faísca que provocou a última explosão do rap turco e o levou ainda mais além do mainstream foi um disco vindo da capital do país que começava com o verso «O frio

«BEBEK» (NENÉM), POR ÇAĞRI SİNCİ

Feliz aniversário, neném.

São 250 casas no bairro em que você nasceu,
lá só rodam os ônibus mais
podres, um só por hora.
Pontos de ônibus sem anúncios,
ruas arruinadas,
eles cheiram cola em parques com
balanços que não servem pra nada.

Carros de luxo vão e vêm no escuro
com criminosos de passagem,
é tudo pela grana.
E daí se é traição, eles não estão nem aí,
o mundo jura lealdade para qualquer um que
tenha dinheiro e poder.

A casa em que você nasceu
é fria e úmida,
seus pais foram para a cidade
grande atrás de trabalho.
Seu pai trabalha na indústria têxtil agora,
tira no máximo mil liras,
e anda sempre tão sério, a vida
passou bem na cara dele.

Sua mãe está desempregada e desinformada,
tem oito filhos – mais fácil falar
do que fazer – e o primeiro morreu,
ela tá sempre rezando, suas
contas sempre entre os dedos,
uma coisa é certa, ela
largou mão deste mundo.

Você vai crescer, vai ver as propagandas na TV,
e logo vai querer o que ali vê.
Quando sua família entender você vai
querer fugir,
mas já vai estar tão chapado que vai
continuar exatamente ali.

De saco cheio na escola e
de saco cheio na mesquita,

vai ter pavor da cidade grande e
se esconder na sua quebrada
até que um dia vai dizer:
«Que se foda a sua justiça!».
Um dia vai dizer:
«Que se foda a sua justiça!».

Os sonhos de menina da sua mãe
enfiados no enxoval,
não importa onde você vai acabar,
vai se lembrar da sua quebrada!

O centro a cinquenta minutos de ônibus,
e quando for ver, ele vai fazer sua cabeça doer.
Vai ficar com vergonha do
seu sapato e do seu cabelo,
vai ficar com vergonha do seu suéter
feito à mão, todo desbotado.

Agora vamos direto ao ponto, se
acha que está pronto.
Vai aguentar a sua vida, suas
dores sem fim,

mas você é o condenado da terra,
lembra: pode se afogar nos seus sonhos
ou pode ficar pronto para a grande luta.

Pra gente a vida não é só uma
música triste pra cantar.
Um dia a gente vai se acertar
com a merda que chamam de destino.
Tem uma dureza no nosso
peito, nosso caminho é escuro,
nossa luz é nossa raiva – mas vamos
direto ao assunto agora.

Quando você crescer, baby, vai
ter duas opções:
ou vai apodrecer na rua
(não se exige experiência)
ou vai se instruir, se orgulhar,
e saber do seu direito,
e a revolução vai se erguer sobre a cidade
do seu barraco cinzento e suburbano.

Letra reproduzida com permissão do artista

Na página 167: o rapper Çağrı Sinci oferece o microfone ao público durante uma apresentação no bar Naya de Kadıköy, em Istambul.

de Ancara corta bem a minha alma». Nascido em 1990, Ezhel lançou em 2017 seu álbum de estreia, *Müptezhel* (que significa «noia», quando se remove o «h»), de urban core/ hip-hop/reggae-dub/trap. Da mesma forma que Orhan Veli, Ezhel destruiu a hierarquia tradicional dos cinco sentidos e enfiou a capital pela boca e pelos ouvidos dos ouvintes: «Posso sentir o gosto da minha cidade mais uma vez na minha língua; fuligem, ferrugem, sujeira, carvão, plástico, latas de lixo, pneus, escapamentos, drogas». Ele descreveu tudo que acontecia à noite nos recantos ocultos da cidade, contou histórias de vidas alternativas que povoavam a capital burocrática do país («Esta cidade é uma casa noturna e a gente não tem dinheiro») e sugeriu formas diferentes de viver («Seus filhos estão desempregados; que se foda, quem precisa de trabalho com chefes como vocês,/ Vou ser meu próprio chefe, meu moletom de capuz é meu terno»). Ezhel, cujo interesse por música começou com o reggae, rapidamente ganhou um enorme número de seguidores graças a seu talento e sua extraordinária energia que nos remete à figura arquetípica do malandro. Seus primeiros apoiadores e defensores, porém, estavam entre a audiência do hip-hop e os moradores de Ancara. Um ano depois do lançamento do álbum, Ezhel foi preso, acusado de defender o uso de drogas, e pouco depois os rappers Khontkar e Young Bego também sofreram o mesmo destino. Em sua interminável caça às bruxas para erradicar dissidentes, o regime tinha normalizado o uso de procedimentos judiciários como forma de intimidação e opressão, e agora era a vez dos rappers

– ainda hoje alguns enfrentam acusações similares. O governo do AKP sabe da força do rap entre as gerações mais jovens – com as quais tem tanta dificuldade de se conectar –, tanto que encomendou um rap como trilha de sua campanha nas eleições gerais de 2015. Quando Ezhel virou um alvo e foi preso sob falsas acusações, a reação do público foi unânime e inesperadamente veemente, e, em um contexto profundamente opressivo, no qual nenhuma dissidência política jamais havia ficado impune, o rapper de 26 anos de repente se tornou símbolo da liberdade de expressão. As mídias sociais se sentiram ultrajadas, a hashtag #freeezhel invadiu a internet e as ruas, e na audiência de Ezhel, um mês depois, ele foi inocentado. Ele já havia começado o ano em primeiro lugar nas paradas do streaming; no fim de 2018, era o artista mais tocado no streaming e sua música «Geceler» (Noites), a mais popular do ano.

O «ano do rap» na Turquia foi 2019, e diversos acontecimentos políticos e econômicos abriram caminho para isso. Istambul sempre foi um destino de viagem atraente, mas, depois da tentativa de golpe de 15 de julho de 2016, dos atentados nos meses precedentes (em Sultanahmet, na Taksim, no aeroporto Atatürk), e do crescente pendor do governo para sequestrar estrangeiros, a cidade ficou isolada do resto do mundo. Enquanto isso, uma queda abrupta no valor da lira turca mantinha encerradas nas fronteiras nacionais as pessoas mais afeitas a viagens. Ao mesmo tempo, esse afastamento do mundo externo abria espaços para apresentações, estimulava a consciência nacional para o rap e para a música alternativa e indie. Com a grande imprensa quase toda encampada por investidores simpáticos ao governo e, portanto, destituída de qualquer credibilidade de que um dia pudesse ter gozado, a sociedade – a começar pelos mais jovens – passou a se voltar cada vez mais para as mídias sociais.

SONGS OF GASTARBEITER

O rap não foi o primeiro gênero turco-alemão a circular na Alemanha; nos anos 1960, algumas gravadoras caseiras suaram para satisfazer o desejo dos imigrantes de uma expressão musical própria. Na época, os imigrantes (*Gastarbeiter*) não conseguiam nem montar um negócio sem um sócio alemão – graças ao apoio de um político, Yılmaz Asöcal obteve uma autorização especial para fundar o selo Türküola. Era impensável que ele conseguisse levar um álbum às lojas, por isso Asöcal se contentou em distribuí-lo porta a porta, em pequenos estabelecimentos turcos, sobretudo lojas de alimentação. Longe do radar da indústria musical, um cenário frequente era os músicos amadores contando, à sua maneira, histórias dos traumas de deixar o país, cantando a saudade da pátria ou a raiva reprimida pela arrogância do chefe da fábrica, como ocorreu com Metin Türköz, ex-funcionário da Ford que gravou treze álbuns. Alguns discos caseiros se transformaram em grandes sucessos e venderam centenas de milhares de cópias, como *Beyaz Atlı*, de Yüksel Özkasap, cantora conhecida como Rouxinol de Colônia, com mais de quinhentas canções de sua autoria. Além de cantar sobre a experiência turco-alemã, esses grupos fizeram experimentações com híbridos linguísticos, combinando o pop da Anatólia com a psicodelia ocidental (como o Grup Doğuş fez em sua estreia de 1975), e criaram gêneros novos, como o disko folk, nos anos 1980, do grupo Derdiyoklar İkilisi, de enorme sucesso. Esses experimentos musicais agora estão alcançando status de cult, como se vê pela coletânea *Songs of Gastarbeiter*, de 2013.

Os artistas de hip-hop, que havia muito vinham fazendo upload de suas músicas, puderam desenvolver canais de live-streaming e por eles se conectavam diretamente com seu público, descobrindo que não precisavam da mídia tradicional.

As séries de TV, as *dizi,* o entretenimento televisivo preferido do país, se revelaram para os rappers um eficiente veículo para alcançar setores da sociedade que eles talvez ainda não tivessem atingido (para saber mais sobre as *dizi*, veja «Não chame de novelas», na página 37). Músicas como «Heyecanı Yok» (A emoção se foi), de Gazapizm; «Kısır Döngü» (Ciclo vicioso), de Allame; e «Gömün Beni Çukura» (Me enterre), de Eypio, se difundiram em todo o país graças a essas séries. Desde que as paradas oficiais começaram a atribuir um peso maior ao streaming, o rap estourou na Turquia. O arabesk e o alaturka continuam populares, mas estilos mais recentes, como o trap, também estão crescendo, desbravados por artistas como Ceg, Khontkar e Şehinşah.

A faixa «Susamam» (Não posso continuar calado), de Şanışer, de 2019 – composta com outros dezessete artistas –, é um longo manifesto que aborda temas da atualidade, como meio ambiente, sistema judiciário, direitos das mulheres, direitos dos animais, suicídio e tráfego rodoviário. Na noite em que foi lançada, parlamentares da oposição a compartilharam pelo Twitter, enquanto o líder da coalizão de apoio ao governo acusava os artistas que haviam participado do projeto de «incentivar potenciais golpistas em nome do rap».

A outra faixa lançada naquele ano e que levou à proclamação de 2019 como o ano do rap na Turquia foi «Olay» (Incidentes), de Ezhel, cuja força narrativa foi amplificada por um videoclipe com uma colagem de imagens sem som, trazendo notícias sobre a história recente da Turquia. Assim que foi para as redes, o vídeo obteve

«Resta saber que ideologias os rappers turcos defenderão no futuro e como vão lidar com problemas como a hipermasculinidade e as palavras preconceituosas em suas letras.»

milhares de visualizações; em algumas horas o YouTube o removeu de sua lista por veicular «conteúdo impróprio», e ainda hoje ele aparece com esse aviso. Em uma sequência na qual as imagens se combinam com a letra de «Olay», a câmera focaliza uma placa de rua amarela com a indicação «Kreuzberg» no momento em que Ezhel canta «o mundo inteiro é minha quebrada, meu gueto». Agora, mais uma vez, Kreuzberg é tão central para o rap turco como já foi um dia. É como se a cruzada das autoridades contra a cultura do rap e do hip-hop e o desejo dos músicos de um contato maior com o mundo tivessem iniciado uma espécie de contrarreimigração rumo ao berço do rap turco: a Alemanha, especificamente Kreuzberg. Em «Angela Merkel», Xir, integrante do coletivo de rap de Istambul Trip, canta: «Nós não temos visto Schengen/ Então você é que tem que vir para Karaköy». Se a música de Xir é uma expressão desse anseio pelo mundo exterior, a parceria dos três rappers mais populares da Turquia – Ceza, Ezhel e Ben Fero – com Killa Hakan de Kreuzberg, na faixa de 2019 «Fight Kulüp» (Clube da luta), foi uma declaração de intenções. No vídeo, visto mais de 56 milhões de vezes, os três artistas turcos «representam» Kreuzberg com tanto orgulho e sentimento de pertencimento como se o bairro fosse mesmo deles. Ezhel e Ceza não nasceram em Kreuzberg, Ben Fero não cresceu lá, mas reivindicar o direito sobre o bairro é outro jeito de reivindicar o direito sobre determinada cultura, e Kreuzberg sem dúvida é um dos lugares que sempre definiram esses artistas, a casa deles longe de casa. Resta saber que ideologias os rappers turcos defenderão no futuro e como vão lidar com problemas como a hipermasculinidade e as palavras preconceituosas em suas letras. Mas sem dúvida eles estão equipados com a criatividade e o espírito poético – que T.S. Eliot chamou de imaginação auditiva – para inventar a nova língua que Mark Fisher defendeu ser necessária para lidar com a condição capitalista. Para a lista de «palavrões, canções folclóricas, palavras ruins» de Orhan Veli em «Escuto Istambul», já acrescentaram o rap, que hoje, em volumes de furar os tímpanos, pode ser ouvido das janelas dos carros em todo o país. Os representantes turcos do ambiente rap estão prontos para reclamar seu direito não só sobre Kreuzberg, como sobre cada bairro das metrópoles capitalistas do mundo. ✒

À esquerda: Jovens fãs de
Ceza em um de seus shows.

«Eu rimo Istambul»: de Kreuzberg para a Turquia e da Turquia para Kreuzberg

A ponta afiada do lápis: sátira na era Erdoğan

Entre protestos e censura, a sátira é um dos poucos canais de crítica ao governo, e os cartunistas continuam na batalha contra as tentativas de esmagar o direito à liberdade de expressão.

VALENTINA MARCELLA

Tuncay Akgün, cartunista e chefe de redação da revista *LeMan*, no café temático da própria revista no bairro de Beyoğlu, Istambul.

De barba e cabelo comprido, àquela altura quase branco, uma fotografia o mostra inclinado para autografar um livro – parece um Leonardo da Vinci contemporâneo. Seu nome é Nuri Kurtcebe, um dos principais artistas do universo da sátira turca. Nascido em 1949, foi um dos primeiros ilustradores a fazer experiências com histórias em quadrinhos nos anos 1970, popularizando um gênero então pouco conhecido na Turquia. Além dos quadrinhos, Kurtcebe é famoso por seus cartuns políticos, nos quais captou o *mood* da nação em alguns dos principais jornais e revistas satíricas, conquistando várias gerações e acumulando prêmios em uma carreira que se estende por cinquenta anos.

Tanto por sua popularidade quanto por já não ser um garoto, a notícia da prisão de Kurtcebe em 4 de julho de 2018 logo se espalhou pelo país. Ele havia sido acusado de insultar Recep Tayyip Erdoğan em alguns cartuns publicados entre 2015 e 2017. Horas depois da prisão, ainda não estava claro, nem para seu advogado, quais cartuns exatamente haviam ofendido o presidente. A punição, porém, não dava margem a dúvida: um ano, dois meses e quinze dias de detenção. Dois dias depois da prisão, o cartunista recebeu liberdade condicional.

Esse foi apenas um dos exemplos mais recentes de perseguição a cartunistas: o novo milênio testemunhou uma série de denúncias, julgamentos e outros episódios que reiteradamente destacam a intolerância da Justiça e do Partido da Justiça e do Desenvolvimento (AKP) – no poder desde 2002 – à linguagem satírica.

PRIMEIRAS ADVERTÊNCIAS

No início dos anos 2000, as relações entre Turquia e Europa estavam no centro do debate político, e as negociações de adesão ao ingresso do país na UE caminhavam bem. Na Turquia e na Europa, muita gente via o recém-eleito AKP como o partido da esperança: esperança de uma democracia que não negasse a identidade religiosa, que reconhecesse as minorias e que conduzisse o país à UE. No entanto, foi exatamente nesse clima de otimismo que Erdoğan começou a transformar os cartunistas em seu alvo preferencial, revelando um até então insuspeito melindre com as críticas, que se tornaria cada vez mais evidente também em outras áreas.

Foi em 2003 que Erdoğan, então primeiro-ministro, levou Sefer Selvi ao tribunal. Selvi é mais novo do que Kurtcebe, mas tão conhecido quanto. Erdoğan pedia uma indenização de 10 mil liras turcas (cerca de 7 mil dólares na época) por causa de um cartum que havia lhe causado «dor, tormento e angústia». O tal cartum o retratava como um cavalo sendo cavalgado por um de seus conselheiros. No ano seguinte foi a vez de Musa Kart, outro artista de renome cujo comentário político era igualmente direto. Seu cartum mostrava Erdoğan como um gato enroscado em um novelo de lã, em uma alusão às várias políticas nas quais o primeiro-ministro estava enredado. Por essa charge, o artista e o *Cumhuriyet*, jornal para o qual ele

VALENTINA MARCELLA é italiana, pesquisadora da Turquia contemporânea. Tem Ph.D. em história e se interessa pelas relações entre repressão, dissidência e cultura popular, sobretudo por meio das lentes da sátira política. Desde 2004 visita regularmente o país; entre 2011 e 2016 morou em Istambul, onde trabalhou como pesquisadora na Universidade Kadir Has. Desde 2016 leciona turco na Universidade de Nápoles «L'Orientale». É cofundadora da revista on-line *Kaleydoskop – Turchia, Cultura e Società*.

trabalhava, foram levados a julgamento e enfrentaram um pedido de 5 mil liras turcas (cerca de 3,5 mil dólares) de indenização. Erdoğan também processou um jornal menor que havia reproduzido o cartum. Enquanto os processos contra Selvi e Kart-*Cumhuriyet* foram encerrados em fases posteriores dos trâmites, no caso do jornal menor a decisão do juiz foi imediatamente favorável ao veículo, ressaltando que figuras públicas devem ser capazes de tolerar críticas tanto quanto elogios. Embora essa decisão tenha se tornado célebre na Turquia, os eventos que seguiram revelam quão pouco dela Erdoğan absorveu.

CAIXA DE PANDORA

Se o cartum de Selvi pode se vangloriar de ter sido o primeiro a ser censurado na era do AKP, cabe a Kart o mérito de ter aberto a caixa de Pandora da intolerância. Desde então, a perseguição ao cartunista e a seu jornal inspirou uma série de iniciativas solidárias que acabaram por provocar ainda mais reações.

Selvi e Kart, bem como Kurtcebe, nos últimos anos desenharam sobretudo para jornais, mas as revistas semanais de humor, historicamente muito populares na Turquia, também tiveram papel importante em termos de denúncia. Uma delas foi a *Penguen* – ela começou a circular no ano em que o AKP chegou ao poder –, que abordou diversas questões delicadas de um jeito consistentemente irônico e perspicaz. Em 2005, em resposta ao veredicto recebido por Kart-*Cumhuriyet*, a publicação criou uma capa com vários animais, todos exibindo, como o gato de Kart, o rosto de Erdoğan. Por esse ato de solidariedade a revista foi acionada sob a acusação de difamação, processo que terminou com os cartunistas inocentados e com a rejeição do pedido de indenização de 40 mil liras turcas (cerca de 30 mil dólares) feito por Erdoğan.

Nesse meio-tempo, o caso Kart, que àquela altura já havia se tornado o caso Kart-*Penguen*, fazia ainda mais barulho, de tal modo que a Associação dos Cartunistas acabou por protestar, e toda a agitação acabou repercutindo também entre artistas que se expressavam por outras linguagens.

Michael Dickinson, artista britânico radicado em Istambul desde os anos 1980, fazia colagens satíricas que costumavam mirar a política britânica e norte-americana. Embora sempre tivesse evitado críticas ao cenário político turco, ele decidiu fazer coro aos protestos e criou duas colagens que sobrepunham o rosto de Erdoğan ao corpo de um cachorro e zombavam da tão alardeada amizade do líder turco com George W. Bush. A publicação desses trabalhos, desafiando a tirania e se solidarizando com os cartunistas turcos, foi o estopim de uma odisseia legal que só foi terminar em 2013, com a deportação de Dickinson. Um cartum de Selvi em sua homenagem mostra um satisfeito Erdoğan riscando o nome do artista britânico de sua lista negra de cartunistas.

Enquanto esse cartum solidário parecia fechar um ciclo do índex de Erdoğan – Selvi, Kart, *Penguen*, Dickinson e de novo Selvi –, outros protagonistas foram convocados aos tribunais, como a revista semanal de humor *LeMan*. Lançada em 1991, a publicação sempre se destacou pela habilidade em associar eventos do cotidiano a questões políticas e sociais mais amplas. Ela nasceu do posicionamento infalivelmente crítico e cáustico de cartunistas dissidentes de uma outra revista de humor, *Limon*, pertencente a um grupo editorial. Desavenças entre os proprietários e a equipe de redação ocasionaram o fechamento da *Limon* e a criação da *LeMan*.

A postura independente da *LeMan* levou seus cartunistas aos tribunais em 2006 e em 2008. Primeiro, devido a um cartum no qual Erdoğan era apresentado como um carrapato, depois devido a uma fotomontagem em que ele mostrava o dedo do meio. A primeira decisão do tribunal foi desfavorável a Erdoğan, negando-lhe as 25 mil liras turcas (cerca de 16,5 mil dólares) que ele pedia, embora lhe tenha sido concedida uma indenização de 4 mil liras turcas (cerca de 3 mil dólares) pela fotomontagem.

A primeira vitória de Erdoğan contra os cartunistas, bem como o desenrolar do capítulo Dickinson, foi um sinal de que os ventos estavam mudando. Quando se esboçou a percepção de que a possibilidade de adesão à União Europeia ficava mais distante, depois da suspensão das negociações em 2006, o governo turco começou a olhar para o Oriente Médio, em busca de certo protagonismo no tabuleiro de xadrez da política da região. Esse reposicionamento veio acompanhado de um acirramento do conservadorismo, com medidas como o afrouxamento das interdições ao uso do véu nas universidades em 2008; o apelo, em 2013, para que as famílias tivessem pelo menos três filhos; uma série de restrições ao consumo de álcool; e uma campanha intensiva contra o aborto. Ficava cada vez mais claro que o AKP já não era o partido no qual parte da sociedade secular havia depositado confiança, e que ele agora falava apenas para o seu eleitorado.

Essa mudança também trouxe uma nova atitude em relação ao jornalismo. Desde 2008, dezenas de jornalistas não alinhados ao governo vinham sendo presos, acusados de propaganda terrorista ou envolvimento em tentativas de golpe. Com medo de retaliação, a grande mídia passou a publicar notícias superficiais que não destoavam do tom do governo, distinguindo-se cada vez menos dos meios de comunicação já próximos da administração federal graças ao clientelismo político em vigor na Turquia desde os anos 1980. O descontentamento aumentou, as manifestações se espalharam e, consequentemente, a presença e a

À direita: Um casal de namorados no café da *LeMan*.

violência policiais também recrudesceram. Então, no fim de maio de 2013, vários grupos que até então haviam protestado cada um por si (feministas, ativistas LGBTQ, ambientalistas, sindicalistas, estudantes e outros) uniram forças nas manifestações massivas do que mais tarde seria lembrado como o longo verão do Gezi.

FORÇA EM NÚMEROS

Os protestos que ocorreram no verão de 2013, deflagrados após a divulgação dos planos de remodelação do parque Gezi, em Istambul, logo se tornaram expressão do descontentamento com o governo. Mas eles não teriam sido tão eficazes e memoráveis sem as sátiras que os precederam. A ironia, a autodepreciação e a crítica foram fundamentais para os protestos ao longo dos eventos não apenas no parque (manifestações, protestos, ocupações, fóruns), mas também no restante do país e nas redes sociais. Por meio de slogans, desenhos, textos, fotomontagens, vídeos e estênceis, as autoridades, personificadas sobretudo pela polícia e por Erdoğan, foram desafiadas com muita criatividade, a ponto de os manifestantes serem descritos como dotados de *orantısız zeka* – uma «inteligência fora de série».

Sátiras amadoras associaram-se ao trabalho de profissionais, e criou-se um diálogo. Com cartuns e uma série de iniciativas simbólicas, as revistas demonstraram apoio aos manifestantes. A redação da *LeMan*, por exemplo, complementou o nome da revista com o aposto *kronik çapulcunuz* – «seu vândalo inveterado» – depois da apropriação

A ponta afiada do lápis: sátira na era Erdoğan

irônica que os manifestantes fizeram do termo *çapulcu* («vândalo»), usado pela primeira vez por Erdoğan na tentativa de difamar os manifestantes e minimizar a força do protesto. Os editores da *Penguen*, por outro lado, se expressaram visualmente, transformando o mascote da revista – um pinguim tentando voar com asas postiças – em um manifestante. Com o rosto coberto por uma bandana, ele fazia o gesto de jogar um ramalhete de flores, inspirado na célebre obra de Banksy. De mascote da revista, o pinguim do parque Gezi logo se tornou um símbolo para os manifestantes, que criaram releituras diferentes para ele, especialmente uma versão roxa para a parada do orgulho gay de Istambul naquele ano.

Enfatizando a estreita relação entre a sátira das revistas e a das ruas, os profissionais não economizaram nas homenagens à criatividade e ao senso de humor dos manifestantes. Por algumas edições, a *Penguen* apresentou uma seção de fotos que ilustravam «a inteligência fora de série das ruas», enquanto a *LeMan* sugeriu que a as ruas haviam superado as revistas.

A *Gırgır* e a *Uykusuz*, duas outras importantes publicações daquele período, fizeram coro aos elogios. A *Gırgır*, a mais antiga das revistas satíricas, criada por um grupo de humoristas no início da década de 1970, entre os quais Kurtcebe, publicou um editorial incentivando os manifestantes a seguir em frente com sua «inteligência fora de série», porque, «quanto mais sutil o humor, mais os adversários fervem de raiva». A *Uykusuz* era a revista mais jovem, criada em 2007 por seis cartunistas dissidentes da *Penguen*; ela cresceu rápido e em pouco tempo a equipe já possuía mais de vinte pessoas. «A história foi escrita por vocês», declarou um colaborador, «o que mais eu preciso dizer? Vocês escreveram na internet, nas ruas, nos cartazes e até na minha porta! Esta semana fui eu que li vocês.»

Nessa grande onda de protestos e de influência recíproca entre amadores e profissionais, jamais o governo tomou uma atitude direta, jamais deu uma resposta muito diferente do desejo de controle que já havia demonstrado em anos anteriores ao reprimir outras frentes de protesto. Mesmo que textos, cartuns e outras formas de expressão satírica tenham sido varridos por intervenções policiais violentas nos locais de protesto, isso aconteceu durante operações de dispersão e não como parte de uma perseguição específica. Nenhum processo foi movido contra nenhum cartunista profissional.

O FIM DE UMA EXPERIÊNCIA EXCEPCIONAL

O verão de 2013 terminava e os protestos do parque Gezi minguavam sem obter as renúncias reivindicadas com tanta veemência. Não demorou e os cartunistas experimentaram uma renovada perseguição.

Os organizadores do 18º Festival da Paz de Didim, na província de Aydın, tinham planejado para o início de setembro uma exposição de cartuns cujo tema seriam os protestos de Gezi. Informadas do evento por cartazes nas ruas, as autoridades locais do AKP impediram sua realização, alegando que os cartuns eram ofensivos a Erdoğan. As ilustrações foram confiscadas e cinco pessoas ligadas à mostra passaram a ser investigadas – não apenas os organizadores, como até um representante da agência de publicidade responsável por afixar os cartazes.

O mundo da sátira, porém, não cedeu ao clima de censura, e tanto artistas independentes quanto revistas satíricas resistiram. Pontuais como trens britânicos, as

À esquerda:
O cartunista Güneri
İçoğlu, da *LeMan*.

A oposição

Ekrem İmamoğlu

Nascido em 1970 em Cevizli, Akçaabat, na província de Trabzon, região do mar Negro, Ekrem İmamoğlu é um empresário e político que se elegeu prefeito de Istambul em 2019. Depois de trabalhar nos negócios da família e presidir o clube desportivo Trabzonspor, em 2008 ele se tornou líder da ala jovem do principal partido de oposição, o Partido Republicano do Povo (CHP). Em 2014, foi eleito prefeito de Beylikdüzü, nos arredores de Istambul. Durante seu mandato, sua popularidade cresceu devido a suas iniciativas culturais e políticas de apoio a jovens e mulheres, assim como a seu trabalho de conscientização sobre questões ambientais. Em 2019, tornou-se o candidato do CHP para as eleições locais em Istambul, apresentando-se como a nova voz da oposição, em coligação com o partido nacionalista IYI. A campanha que conduziu, baseada na unidade e na positividade – seu slogan era «Vai ficar tudo bem» e a imagem era ele fazendo um coração com os dedos –, contrastava fortemente com a divulgada por seu oponente, Binali Yıldırım, prefeito de Istambul candidato à reeleição e ex-primeiro-ministro. Yıldırım se aproveitou do apoio de Erdoğan, que alertou seus seguidores de que, «se perdermos Istambul, perdemos a Turquia». İmamoğlu obteve uma surpreendente vitória, por uma diferença de apenas 20 mil votos, mas, a pedido do governo, as eleições foram anuladas pelo Supremo Conselho Eleitoral por supostas irregularidades. O pleito foi reconvocado e ele foi confirmado vencedor, dessa vez por uma diferença de quase 800 mil votos: depois de 25 anos de administração do AKP, Istambul tinha se rendido à oposição. Com os cofres municipais vazios e sem financiamento estatal, os primeiros desafios de İmamoğlu foram buscar financiamento estrangeiro – como o pacote de 120 milhões de dólares recebido do Deutsche Bank para a construção de uma nova linha de metrô – e tentar impedir o projeto do canal de Istambul, plano de megainfraestrutura do governo para abrir um segundo canal marítimo ligando o mar Negro ao mar de Mármara, projeto que os ambientalistas contestam vigorosamente.

Selahattin Demirtaş (Selo)

Nascido em 1973 em Elazığ, na Anatólia Oriental, em uma família curda de língua zaza, Selahttin Demirtaş foi codirigente do Partido Democrático dos Povos (HDP) de 2014 a 2018, bem como candidato à Presidência do país. Advogado graduado pela Universidade de Ancara, trabalhou no âmbito dos direitos humanos em Diyarbakır, capital do Curdistão turco. Em 2006, foi submetido a cinco anos de liberdade condicional depois de declarar na TV que o líder do PKK Abdullah Öcalan deveria desempenhar algum papel no processo de paz entre os curdos e a Turquia. Demirtaş entrou para a política em 2007 como membro de um partido pró-curdo declarado inconstitucional dois anos depois. Em 2012 foi eleito codirigente da última encarnação do movimento político curdo, o HDP, que, sob sua liderança, se abriu para a esquerda e para todas as minorias do país, garantindo direitos não apenas para curdos, mas também para mulheres e para a comunidade LGBTQ. Nas eleições de 2015, o HDP conquistou o melhor resultado de todos os tempos de um partido de maioria curda, alcançando mais de 10% do mínimo eleitoral e, assim, conquistando um assento no Parlamento. Em novembro do mesmo ano, os protestos em Diyarbakır – que começaram como um chamado para criar um corredor humanitário para Kobane, um bastião turco na Síria – e a situação caótica do país causada por uma série de ataques atribuídos ao Estado Islâmico levaram à abrupta suspensão do processo de paz entre o Estado turco e as forças curdas. Em 4 de novembro de 2016, Demirtaş, junto com dez deputados do HDP, foi preso, acusado de espalhar propaganda terrorista pró-PKK; isso o fez renunciar à codireção do partido em fevereiro de 2018. Embora não pudesse fazer campanha, ele conseguiu obter mais de 8% dos votos nas eleições presidenciais daquele ano. Na prisão, onde permanece até hoje, embora o Tribunal Europeu dos Direitos do Homem tenha decidido por sua libertação, Demirtaş escreveu e publicou duas antologias de contos, um romance, poemas e cartuns para a revista *LeMan*, além de pintar. Ele foi descrito como o Obama curdo, por sua habilidade como orador, boa aparência e juventude. Seus apoiadores o chamam carinhosamente de Selo.

> **«O mundo da sátira não cedeu ao clima de censura, e tanto artistas independentes como revistas satíricas resistiram.»**

autoridades se lançaram mais uma vez ao ataque, marcando a abertura de uma nova frente na luta contra o protesto satírico. Até então a intolerância de Erdoğan tinha se voltado sobretudo para cartuns que o representavam como um animal, revelando mais melindre do que indisposição para aceitar críticas políticas. Mas a partir do final de 2013 outros tipos de cartum também entraram na linha de fogo do governo. Além disso, como revelou o episódio em Didim, depois do Gezi outras personagens de peso do AKP se juntaram a Erdoğan em sua cruzada contra o humor.

Em novembro de 2013, o governador de Adana, Hüseyin Avni Coş, denunciou a *Gırgır* e a *Uykusuz* por suas capas, que ridicularizavam um incidente no qual ele estivera envolvido. Acuado por um grupo que protestava contra ele durante uma cerimônia pelo aniversário da morte do fundador da república, Mustafa Kemal Atatürk, o governador se voltou contra um deles, chamando-o de *gavat*, «cafetão». Depois negou que isso tivesse ocorrido e até jurou nunca ter usado esse termo na vida.

Em abril de 2014, o prefeito de Bingöl, Yücel Barakazi, suspendeu a circulação da *LeMan* e denunciou os autores da capa na qual ele era mostrado à frente de uma sequência de hominídeos representando a evolução da espécie; nessa versão, um de seus ancestrais chuta uma mulher para fora do caminho. O desenho era uma resposta à decisão do prefeito de excluir as mulheres de cargos institucionais de alto escalão, sob o argumento de que a presença delas era «contra a religião e a tradição.

Em agosto do mesmo ano, uma capa da *Penguen* acabou levando a revista aos tribunais, e dessa vez o queixoso não era um integrante do AKP, mas um mero simpatizante do partido. Ele não havia se incomodado com o cartum em si, mas com um detalhe marginal na postura de uma figura da ilustração, que supostamente fazia um gesto ofensivo ao falar com Erdoğan.

Essa intensificação da censura refletia a atitude do governo em relação a outras liberdades de expressão: 2014 também foi o ano da aprovação de uma série de leis que facilitavam o controle de informações e a remoção de conteúdo indesejado da internet. Enquanto esse e vários outros episódios pintavam um quadro ainda mais sombrio da liberdade de expressão, em janeiro de 2015 as reações ao massacre ocorrido no jornal satírico francês *Charlie Hebdo* não só eliminaram quaisquer dúvidas sobre o posicionamento de alguns integrantes do AKP acerca do direito de fazer sátira, como também realçaram as divisões dentro de uma sociedade cada vez mais polarizada entre apoiadores e opositores de Erdoğan.

O MASSACRE NO *CHARLIE HEBDO*: UM DIVISOR DE ÁGUAS

Na manhã de 7 de janeiro de 2015, quando a trágica notícia chegou à Turquia, organizaram-se eventos para expressar solidariedade

À direita: Ampliações de cartuns nas paredes do café da *LeMan*.

ESTAMOS LIVRES

Um dos mais conhecidos jornalistas exilados turcos, Can Dündar era chefe de redação do jornal de oposição turco *Cumhuriyet* quando, em maio de 2015, publicou fotos e vídeos de um caminhão do serviço de inteligência turco fornecendo armas para o Estado Islâmico na Síria. Enfurecido, Erdoğan prometeu que o jornalista responsável pela reportagem «pagaria caro». Incomodar o governo não era novidade para Dündar – ele já havia sido demitido do jornal *Milliyet* por seus artigos «muito contundentes» sobre os protestos no parque Gezi –, mas dessa vez o furo lhe rendeu uma prisão, sob acusação de espionagem e revelação de segredos de Estado. Como se não bastasse, no dia do anúncio de sua sentença, em maio de 2016, enquanto aguardava o veredicto (cinco anos de prisão), um homem atirou nele – mas não o atingiu – e gritou «traidor da pátria», antes de ser interceptado pela mulher de Dündar, Dilek, e um outro parlamentar. No mês seguinte Dündar se exilou na Alemanha. Em outubro, um mandado de prisão foi expedido à sua revelia na Turquia. Dilek, cujo passaporte havia sido retido, só conseguiu juntar-se ao marido três anos depois. Na Alemanha, onde dois terços dos cerca de 3 milhões de turcos apoiam Erdoğan, Dündar vive sob proteção policial. Em Berlim, fundou a emissora de rádio on-line Özgürüz (Estamos Livres), proibida na Turquia. Escreveu um livro sobre sua experiência quando esteve em prisão preventiva, numa solitária. O título foi inspirado num tuíte que ele postou no dia em que foi preso: «Fomos presos», e o livro foi publicado em alemão, inglês, italiano e espanhol. Dündar recebeu o Prêmio Internacional de Liberdade de Imprensa do Comitê para a Proteção de Jornalistas (CPJ), cujo site publica notícias, entrevistas e estatísticas sobre as condições de trabalho dos jornalistas na Turquia e em outros lugares.

«As reações na Turquia ao massacre no *Charlie Hebdo* eliminaram quaisquer dúvidas sobre o posicionamento de alguns integrantes do AKP acerca do direito de fazer sátira.»

à equipe do *Charlie Hebdo*, aos familiares das vítimas e ao povo francês. Havia uma minoria de ateus entre os participantes, mas o grosso deles era constituído sobretudo de muçulmanos seculares que se opunham ferozmente à instrumentalização da religião para fins políticos ou de terrorismo.

Parte da imprensa aderiu aos atos de solidariedade. O *Cumhuriyet* informou que publicaria excertos da primeira edição pós-atentado do *Charlie Hebdo*, quatro páginas no total. Cartunistas homenagearam os colegas franceses de diversas formas. Logo depois do atentado, a *Penguen*, a *LeMan* e a *Uykusuz* publicaram todas a mesma capa, com as palavras «JE SUIS CHARLIE» escritas dentro de um balão de histórias em quadrinhos contra um fundo preto. A *LeMan* lançou ainda uma edição especial dedicada aos redatores e cartunistas do *Charlie Hebdo*, com fotografias das vítimas durante uma visita a Istambul em 2002, quando a equipe editorial francesa foi até a revista turca para tratar de uma publicação conjunta.

Na contramão dessas iniciativas, outros círculos manifestaram opiniões contrárias e mesmo condenações. Embora não abertamente alinhada aos terroristas, a porção mais conservadora da sociedade optou por se ater às supostas causas do atentado, ou seja, ao trabalho dos cartunistas – as imagens de Maomé seriam blasfemas e, consequentemente, ofensivas. A redação do *Cumhuriyet* recebeu milhares de ameaças ao anunciar que publicaria trechos da edição póstuma do *Charlie Hebdo*. Em vez de apaziguar os ânimos, jornais alinhados ao governo iniciaram uma total caça às bruxas na mídia contra o jornal secular.

Declarações de alguns expoentes do AKP ajudaram a legitimar essa guerra aberta. O prefeito de Ancara, İbrahim Melih Gökçek, foi o primeiro a se mobilizar contra o *Cumhuriyet*, descrevendo seus laços com o jornal francês como uma provocação e o acusando de integrar um complô internacional que visava rotular os muçulmanos de violentos. O primeiro-ministro, Ahmet Davutoğlu, também veio a público declarar que o caso *Cumhuriyet* nada tinha a ver com liberdade de expressão, que na Turquia não era permitido insultar o Profeta e que publicar um cartum ofensivo equivalia a incitar abertamente um ataque. Na mesma linha, Erdoğan vociferou: «Onde vocês acham que vivem? Valores sagrados não podem ser insultados dessa maneira». Ao divulgar que reproduziria alguns cartuns do *Charlie Hebdo*, a redação do *Cumhuriyet* esclareceu que a seleção levaria em conta a sensibilidade religiosa do país – o que significava que nenhuma caricatura do Profeta seria publicada. Ainda assim a polícia invadiu a sede do jornal quando a edição estava na gráfica. Como não encontraram nenhum cartum relacionado a Maomé, o jornal foi distribuído normalmente. Foi quando seus detratores observaram que, naquela edição, dois jornalistas haviam decidido substituir suas fotos de perfil pela agora famosa capa do *Charlie Hebdo* posterior ao atentado, na qual um Maomé pesaroso segura uma placa onde se lê «JE SUIS CHARLIE». Em poucas horas uma investigação era iniciada.

EM ESTADO DE SÍTIO

O período que se seguiu ao atentado de Paris foi uma época de real tensão na Turquia, durante a qual o governo deixou muito clara sua natureza cada vez mais autoritária. Um total de 23 jornalistas foi preso no início de julho de 2015, e a ONG Repórteres sem Fronteiras classificou o país em uma frágil 149ª posição das 180 do ranking de liberdade de expressão.

O estado de sítio declarado no dia seguinte à tentativa de golpe de 15 de julho de 2016 – e que vigorou até julho de 2018 – agravou a situação, pois o simples fato de alguém ser de oposição se tornou motivo suficiente para que a pessoa fosse investigada, presa e julgada sob a acusação de diversos tipos de envolvimento com atividades e organizações terroristas. Ao todo, 317 jornalistas foram presos no intervalo de dois anos e mais de 2.500 perderam o emprego. Um total de 54 jornais, vinte revistas, 24 emissoras de rádio, dezessete redes de TV e seis agências de notícias foi fechado, e 85% da grande imprensa passou a ser controlada por empresas ligadas ao governo. O país caiu oito posições no ranking da Repórteres sem Fronteiras. Nesse processo, a Turquia disse adeus a muitos de seus jornalistas respeitados, como foi o caso de Can Dündar, condenado a 92 dias de prisão e atualmente exilado na Alemanha, e de Aslı Erdoğan, que passou 136 dias atrás das grades e, como Dündar, se refugiou em Berlim.

Essa onda de repressão também não poupou os cartunistas. Além de novos processos judiciais abertos por causa de ilustrações avulsas ou de um conjunto de desenhos – como no caso de Kurtcebe –, alguns desses artistas sofreram uma perseguição sistemática. A mais flagrante foi a de Kart. Depois de passar nove meses em prisão preventiva, acusado de apoiar organizações terroristas, ele – e outros

ACADÊMICOS PELA PAZ

Em janeiro de 2016, 1.128 docentes e pesquisadores de universidades turcas assinaram um manifesto intitulado «Não seremos cúmplices deste crime», após a suspensão do processo de paz durante os conflitos no Curdistão turco. Ao criticar a intervenção armada do Estado, o documento foi imediatamente alvo da ira de Erdoğan, que acusou os signatários de «traição» – o que apenas incentivou mais pessoas a apoiar o manifesto, elevando o total a 2.212 assinaturas. Nenhum desses «Acadêmicos pela Paz» poderia ter imaginado as consequências. Pouco depois, docentes e pesquisadores de universidades particulares, cujo financiamento é controlado pelo Estado, começaram a ser demitidos. Após a tentativa de golpe de julho de 2016, mais de 7.800 funcionários foram exonerados, entre eles centenas de Acadêmicos pela Paz. Com a exoneração eles ficavam proibidos de trabalhar para instituições públicas e veículos de comunicação particulares, tinham o passaporte confiscado e, em alguns casos, os bens apreendidos. No final de 2017, foram abertos processos judiciais contra 742 signatários do manifesto, acusados de envolvimento com «propaganda para uma organização terrorista». A maioria dos envolvidos se declararam culpados em troca da suspensão da pena, para evitar a prisão – uma forma eficaz de calá-los. Uma das docentes que preferiram apelar foi Füsun Üstel, da Universidade Galatasaray. Ele cumpriu três meses de sua sentença de quinze meses (mais tarde reduzida para onze) antes que um tribunal ordenasse sua libertação.

A ponta afiada do lápis: sátira na era Erdoğan

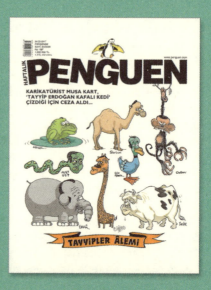
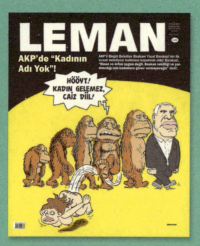

> «No intervalo de dois anos, 317 jornalistas foram presos e mais de 2.500 perderam o emprego; 54 jornais, vinte revistas, 24 emissoras de rádio, dezessete redes de TV e seis agências de notícias foram fechados.»

dezesseis colegas do *Cumhuriyet* – acabou sendo levado ao tribunal, em um julgamento que muitos consideram que pretendia atingir não apenas o jornal, mas a liberdade de imprensa e, de modo amplo, a liberdade de expressão.

Nesse clima hostil, junto com os jornais que fecharam ou que foram forçados a fechar, a *Gırgır* a e a *Penguen* também afundaram. A história da *Gırgır* chegou ao fim em fevereiro de 2017, quando seus proprietários resolveram fechá-la depois da publicação de um cartum altamente controverso sobre um tema religioso. Três meses depois, aconteceu o mesmo com a *Penguen*, porém seu fechamento foi decretado pela própria equipe editorial. Em uma mensagem de despedida aos leitores, uma das razões apresentadas foi a limitação da liberdade de expressão. «Queremos publicar nossa adorada revista do jeito que gostamos dela», escreveram, «e se não podemos manter o nível de qualidade que estabelecemos preferimos não fazê-la mais.» Portanto, embora não tenham fechado por intervenção direta do governo, tanto a *Gırgır* quanto a *Penguen* sentiram os efeitos do clima geral de intimidação.

A CORAGEM DOS QUE OLHAM PARA O FUTURO

O estado de sítio não silenciou a dissidência, embora, dois anos depois, os cartunistas continuem pisando em ovos. Apesar dos muitos desafios que são obrigados a enfrentar em nome da liberdade de imprensa, satírica ou não, alguns continuam a resistir e começam a tomar novas

e admiráveis decisões. Em dezembro de 2019, a equipe editorial da *LeMan* recebeu um novo integrante, uma contratação extraordinária, para dizer o mínimo: Selahattin Demirtaş, ex-codirigente do Partido Democrático dos Povos (HDP) e preso na penitenciária de segurança máxima de Edirne desde novembro de 2016. Embora não seja cartunista e não possa se encontrar pessoalmente com a equipe, Demirtaş escolheu os cartuns (e outras formas de expressão, como a escrita e a pintura) para se comunicar com o mundo externo. Diante de todas essas adversidades, a colaboração entre a *LeMan* e Demirtaş manda uma poderosa mensagem de unidade, coragem e resistência.

Cachecóis nas cores dos três gigantes do futebol turco – o Beşiktaş, o Galatasaray e o Fenerbahçe – em um mercado de segunda mão em Kadıköy, Istambul.

Torcidas organizadas unidas: como os protestos do parque Gezi irmanaram torcedores

STEPHEN WOOD

Os protestos de 2013 tiveram um alcance tão amplo que conseguiram até o milagre de construir uma ponte sobre o abismo que separa os três gigantes do futebol em Istambul – o Galatasaray, o Fenerbahçe e o Beşiktaş –, uma das rivalidades mais acirradas do futebol mundial.

Sinalizadores iluminavam as nuvens de fumaça que se espalhavam pelas ruas. Fileiras de policiais com equipamento de choque ameaçavam os civis com cassetetes, jatos de água e balas de borracha. O fervor antiautocrático havia tomado conta da cidade, e a repressão enérgica do governo só reforçava o ponto de vista dos manifestantes. A polícia lançara tanto gás lacrimogêneo que seus efeitos eram sentidos do outro lado do Chifre de Ouro, nos bairros conservadores da velha cidade otomana. Mas as torcidas organizadas de futebol de Istambul estavam no centro de tudo isso e desafiavam as forças da ordem a bater mais.

No início do verão de 2013, cenas como essas pipocavam em todo o país, mas sobretudo em sua maior cidade. As pessoas não esperavam tamanha reação a um protesto ambiental pacífico, nem tinham imaginado que um número enorme de turcos sairia às ruas de todo o país para se manifestar contra essa resposta do governo. O movimento do parque Gezi trouxe muitas surpresas, e as torcidas organizadas de futebol foram uma delas. Embora sua violência e suas provocações jocosas à polícia não fossem novidade, estava acontecendo uma coisa que a maioria dos turcos jamais sonhou que fosse possível: os torcedores do Galatasaray, do Fenerbahçe e do Beşiktaş estavam de braços dados.

Em alguns países não é incomum que torcedores de times rivais deixem as diferenças de lado e se juntem, solidários, em crises nacionais. Mas isso nunca ocorrera na Turquia: até que os protestos varressem o país, um acordo entre torcedores dos três times mais bem-sucedidos da Süper Lig era tão provável quanto o líder conservador Recep Tayyip Erdoğan participar, entusiasmado, de uma parada do orgulho LGBTQ.

A UltrAslan, principal torcida organizada do Galatasaray, é conhecida na Europa como uma das mais temidas do planeta. Ela se tornou mundialmente famosa pelas faixas «Bem-vindos ao inferno» com as quais recebia os torcedores rivais no antigo Estádio Ali Sami Yen; suas imagens satânicas e seus onipresentes sinalizadores faziam com que os torcedores do time visitante vivessem uma experiência assustadora quando iam a um jogo na casa do time mais famoso da Turquia.

O Galatasaray, que teve origem na primeira escola do ensino médio de modelo europeu, chama de sua casa o lado ocidental do Bósforo. A área ao redor da escola, conhecida como Galatasaray, Beyoğlu ou Pera, é o que Istambul tem de mais parecido com um verdadeiro centro, uma faixa de velhos monumentos e lojas caras que se estendem da Torre de Gálata à praça Taksim e, junto dela, ao parque Gezi. Hoje o Gala – também conhecido como Leões ou Conquistadores da Europa – joga sobretudo em um estádio do interior com capacidade para mais de 52 mil pessoas, mas nos dias de jogo seus estandartes e suas camisetas amarelo e dourado se espalham por todo o lado europeu da cidade. Um turista em visita facilmente imaginaria o Galatasaray como *a* grande força futebolística da cidade.

Os torcedores do Fenerbahçe teriam algo a dizer sobre isso. Oriundos do lado asiático do Bósforo, os Canários Amarelos já ganharam o campeonato dezenove vezes, contra as 22 do Gala, e o fervor de sua base de torcedores não deixa nada a dever aos

---

STEPHEN WOOD, escritor e jornalista, vive em Nova York e cobre política, esportes, história e a intersecção de tudo isso. Seus artigos já foram publicados na *Jacobin*, na *Paste* e na *McSweeney's*. Ele também colabora com frequência para revistas de esporte.

rivais. Seus detratores os acusam de novos-ricos semifascistas, lembrando que o próprio Erdoğan se diz torcedor do time. Mas, para além dos torcedores declaradamente de direita do Fenerbahçe (que também existem nas arquibancadas do Galatasaray, é claro), prosperam os ruidosos de esquerda – a Outside Left e a Vamos Bien, de oposição ao futebol «industrializado», se juntaram aos protestos do parque Gezi.

Para a maioria dos torcedores, no entanto, a rivalidade Gala-Fener é de longe a mais exaltada. O país, em sua quase totalidade, simpatiza com um dos dois times, e o famoso Dérbi Intercontinental – como é conhecida a disputa entre as duas equipes – é sempre no mínimo tenso. Em 2016, na final da Copa da Turquia, o árbitro distribuiu sete cartões amarelos e um vermelho. Em grande parte da história da Süper Lig, torcedores do time visitante vêm sendo proibidos de comparecer no dia do dérbi.

«Mesmo quem tem a absoluta convicção de que um jogo de futebol não é digno desse nome se no estádio não há torcedores das duas equipes, até estes estão ficando sem argumentos para se opor à decisão das autoridades de manter os dérbis abertos apenas para torcedores de uma equipe», disse um jornalista do *Hürriyet Daily News* em 2012, quando as coisas estavam piores do que nunca. «Basta lembrar do tumulto que forçou o cancelamento de um jogo de basquete em cadeira de rodas entre o Galatasaray e o Beşiktaş.»

As coisas atingiram um ponto crítico duas semanas antes dos eventos do parque Gezi. Supostamente inflamados por provocações racistas de torcedores do Fenerbahçe contra um torcedor do Galatasaray, a torcida organizada dos Leões matou a facadas um jovem torcedor do Fenerbahçe em um ponto de ônibus. Burak Yıldırım não foi o primeiro a perder a vida por causa dessa rivalidade,

> **«A torcida organizada do Beşiktaş também gritou 'Somos todos armênios!' – o que não é pouco em um país onde o debate sobre sua história no que diz respeito ao tratamento das minorias ainda é tabu.»**

nem seria o único jovem torcedor do Fenerbahçe a perdê-la naquele verão.

Tanto em termos financeiros como por seu desempenho ao longo da história, o Beşiktaş é o terceiro dos três grandes clubes de Istambul. Sua torcida organizada, no entanto, é de longe a mais ativa política e socialmente. Situada um pouco mais abaixo da Taksim e de suas atrações turísticas, elevando-se junto ao estreito que divide o Oriente do Ocidente, a vizinhança que dá nome ao Beşiktaş é vibrante e tradicionalmente da classe trabalhadora. Mais do que os outros grandes clubes, os Águias Negras se identificam com a área de onde emergiram, e muitos de seus moradores se dedicam de corpo e alma ao time.

Esse é o espírito que impulsiona a Çarşı, a torcida organizada do Beşiktaş. O grupo, que costuma substituir o «a» de seu nome pelo símbolo da anarquia, afirma ser «contra tudo», mas na verdade é conhecido mais por seu apoio a políticas de extrema esquerda e a uma forma mais radical de inclusão social. A Çarşı foi rápida em exclamar «Somos todos negros!» depois que torcedores rivais lançaram insultos racistas contra um jogador negro do Beşiktaş. Também já gritou «Somos todos armênios!» – o que não é pouco em um país onde o debate sobre sua história no que diz respeito ao tratamento das minorias ainda é tabu. Nenhuma causa é grande ou pequena demais para a Çarşı. A torcida organizada do Beşiktaş se mostrou também solidária com Plutão depois que ele foi rebaixado à condição de planeta-anão e gritou

«Somos todos Plutão!». Membros da extrema esquerda, que há muito deixaram de ser uma força na política turca, encontraram um lugar para se expressar entre essas torcidas organizadas. Os çarşı não hesitam em abraçar causas trabalhistas, ambientais e de qualquer pessoa que eles sintam precisar de proteção. E sabem fazer oposição. Não só inventaram um grito (obsceno...) para o gás lacrimogêneo («Sık Bakalım», que seria alguma coisa como «Chupa») bem antes do Gezi, como sabem, como poucos, mitigar seus efeitos.

Os protestos do parque Gezi começaram em 28 de maio de 2013 como uma simples manifestação em favor do meio ambiente. Um pequeno grupo acampou do lado de fora do parque, uma área sombreada junto à praça Taksim, com o intuito de impedir que ela fosse demolida e transformada em um shopping center com temática otomana. O simples projeto de construção estava repleto de simbolismo, sobretudo porque chegava numa época em que muitos temiam que o governo de centro-direita estivesse se inclinando para o autoritarismo. Depois que a polícia usou spray de pimenta contra os ambientalistas e incendiou suas barracas, os manifestantes se reuniram

Página 191: Torcedores do Fenerbahçe em frente ao estádio do time, Şükrü Saracoğlu, antes de um dérbi local contra o Başakşehir.
À esquerda: Torcedor do Fenerbahçe perto do estádio leva uma bandeira do time com uma foto de Mustafa Kemal Atatürk no meio dela.

BAŞAKŞEHIR

Detestado pela maioria dos torcedores dos três principais times de futebol de Istambul – Galatasaray, Fenerbahçe e Beşiktaş –, por medo de ser vaiado Erdoğan sempre se mostrou cauteloso em ir ao estádio para assistir a partidas dessas três potências; com isso, decidiu apostar suas fichas no İstanbul Başakşehir, time sem expressão, sem história e sem torcedores. O clube é uma bizarrice do futebol turco, o qual sempre manteve laços fortes com times e torcidas que fizeram história, frequentemente com mais de um século de vida. Nada disso se aplica ao Başakşehir, fundado só em 1990 (com o nome de İstanbul BB, que manteve até 2014) pelo município, mas agora propriedade do Ministério da Juventude e do Esporte. Embora o Başakşehir quase sempre termine a Süper Lig, o campeonato da primeira divisão, em uma boa colocação – e em 2020 tenha ganhado o campeonato pela primeira vez –, seus jogadores já estão acostumados a se apresentar diante de uns poucos milhares de torcedores. Para tornar a situação ainda mais patética, por anos a casa do İstanbul BB foi o Estádio Olímpico Atatürk, com capacidade para 76 mil pessoas. Em 2014 veio a mudança de nome, e o Estádio Fatih Terim passou a ser o novo endereço do clube, na cidade-satélite de Başakşehir, quartel-general do AKP desde que Erdoğan, quando prefeito de Istambul, providenciou benfeitorias para o distrito. As ligações entre o clube e o partido são evidentes e vão desde o contrato de construção do estádio – assinado com a mesma holding envolvida na renovação da praça Taksim e na construção do terceiro aeroporto da cidade – até os patrocinadores e os assentos das arquibancadas, que levam as cores do partido, laranja e azul. A inauguração do estádio selou ainda mais a parceria com o governo. Erdoğan participou do amistoso de abertura, marcou três gols, e depois da partida, em uma homenagem ao presidente, o Başakşehir aposentou a camisa 12 com a qual Erdoğan havia jogado.

Torcedores do Fenerbahçe (acima, à esquerda) e do Galatasaray (acima) chegam ao Estádio Şükrü Saracoğlu para assistir a uma partida.

no parque e na praça ao lado. Muitos dias e noites de embate entre manifestantes e polícia se seguiram. Sempre que a polícia tentava dispersá-los, eles se multiplicavam, e em junho já havia dezenas de milhares de manifestantes pelas ruas de Istambul, Ancara e outras cidades turcas.

Logo o parque Gezi se transformou em um movimento popular, unindo todo mundo que via em Erdoğan um ditador em ascensão. E muita gente passou a ver isso. Embora ambientalistas, curdos, feministas, esquerdistas, a comunidade LGBTQ turca e outros segmentos da sociedade já tivessem expressado publicamente seu descontentamento, eles nunca haviam se unido dessa maneira, tampouco contado com a simpatia de tantos patrícios. Na praça Taksim a atmosfera era de festa. Foram organizados grupos de oração, bibliotecas temporárias, até shows, a despeito da constante ameaça da violência policial.

Como se atraída pela mistura peculiar de festividade e perigo que caracteriza muitos eventos esportivos na Turquia, a Çarşı logo se juntou às manifestações do Gezi. Os torcedores ergueram faixas, picharam seus símbolos anarquistas e também contribuíram com sua rica experiência de confronto policial, ajudando um movimento que carecia dela – muitos daqueles que protestavam no Gezi enfrentavam pela primeira vez as forças de segurança. Em seus relatos, os manifestantes com frequência atribuíram às torcidas o crédito de mantê-los em segurança, separar brigas e orientar as pessoas sobre como fugir da polícia e se proteger.

Poucas horas depois que a Çarşı botou o time em campo, as organizadas do Fenerbahçe e do Galatasaray entraram em cena. As torcidas de esquerda tinham a sensação de que o envolvimento

Torcidas organizadas unidas: como os protestos do parque Gezi irmanaram torcedores

dos clubes nos protestos havia sido combinado. As redes sociais foram invadidas de vídeos que mostravam fileiras em marcha, por toda Istambul, de torcedores com uniformes dourados e vermelhos do Galatasaray, azul e amarelo do Fenerbahçe e preto e branco do Beşiktaş.

Depois ocorreu o que nenhum turco jamais imaginaria ser possível um dia. Era natural que fossem esperados tumultos quando esses grupos se encontrassem no meio de uma manifestação de massa. Mas não houve nada disso. O que se viu foi apenas solidariedade: torcedores fortões do Galatasaray de braço dado com mulheres vestidas com as cores do Beşiktaş; torcedores do Gala e do Fener com faixas da Çarşı; membros de torcidas organizadas das três equipes abraçados e enrolados na bandeira turca, cantando «Lado a lado contra o fascismo!» Semanas antes, um jovem tinha perdido a vida por estar com uma camiseta do Fenerbahçe. Agora havia apenas a Istambul Unida.

O nome e o slogan da Çarşı se tornaram sinônimo do movimento. O grito «Sık Bakalım» era ouvido onde quer que houvesse gás lacrimogêneo. Usuários do Twitter lançaram o meme «Somos todos Çarşı!». De repente, cada torcedor dos três grandes times do futebol turco podia ser um çarşı. Os torcedores do Fenerbahçe, empunhando suas bandeiras, tomaram uma ponte entre a Europa e a Ásia enquanto marchavam rumo à praça Taksim. Quando a UltrAslan anunciou que não queria se envolver na agitação, ainda assim outros torcedores do Galatasaray seguiram em frente. Eles gritavam o nome da estrela do time, o atacante Didier Drogba, cujos tímidos

ÍDOLOS CAÍDOS

De herói nacional a traidor da pátria: assim se poderia descrever Hakan Şükü. Conhecido como o Touro do Bósforo, ele talvez tenha sido o melhor jogador de futebol turco de todos os tempos: 112 escalações para a seleção nacional, oito títulos, vencedor da Liga Europa da UEFA com o Galatasaray e jogador da seleção turca que conquistou o terceiro lugar na Copa do Mundo de 2002. Sua fama sobreviveu à sua aposentadoria e lhe permitiu chegar ao Parlamento pelo AKP graças a suas excelentes relações tanto com Erdoğan quanto com o influente clérigo Fethullah Gülen – ambos presentes em seu casamento, o primeiro como oficiante, o segundo como padrinho. Mas tudo mudou quando Şükür se afastou do partido poucos anos depois, de forma polêmica. O clima ao redor dele foi se tornando hostil, forçando-o a fugir para os Estados Unidos. Desde a tentativa de golpe em 2016, Şükür tem sido encarado como terrorista, acusado de apoiar Gülen e forçado a ficar a milhares de quilômetros de distância da Turquia. O bar que o ex-atacante administrava foi fechado depois de receber ameaças, e agora parece que ele trabalha como motorista de Uber. A loja de sua mulher foi apedrejada, seus filhos foram insultados na rua, suas contas na Turquia, bloqueadas, e seu pai ficou preso por um ano depois que Erdoğan decidiu tornar um inferno a vida desse turco famoso que ousou criticá-lo. O mesmo destino teve outra estrela do esporte turco, também residente nos Estados Unidos, e que tem nas costas um mandado de prisão: Enes Kanter. Jogador de basquete do Boston Celtics, ele chegou a ter o passaporte turco retido durante uma visita à Indonésia. Ao contrário de Şükür, no entanto, Kanter é conhecido como um apoiador de Gülen.

> **«Os veteranos do Gezi estão divididos: alguns acham que falharam em criar um movimento político, enquanto outros apontam para o parque e dizem 'Nós vencemos'.»**

comentários favoráveis ao movimento foram entendidos como prova de que o clube se opunha a Erdoğan.

Até onde se sabe, essas demonstrações de união surgiram de forma espontânea. Alguns as consideraram inevitáveis. Embora outros grupos de apoiadores marcassem presença em graus variados de participação, centenas de torcedores de cada equipe se juntaram aos protestos por conta própria, muitas vezes fazendo questão de abraçar torcedores com as cores dos clubes rivais. De certa forma, esses atos individuais foram os mais comoventes.

Como as torcidas organizadas costumam declarar suas simpatias políticas, era inevitável que a turma de esquerda de cada time se encontrasse nas manifestações. Mas existem milhares de torcedores que consideram o futebol uma atividade totalmente separada da política... e naquele momento eles também estavam nas ruas. Alguma coisa tinha mudado. Em setembro, no primeiro jogo entre o Beşiktaş e o Galatasaray realizado depois dos protestos, torcedores invadiram o campo e lançaram cadeiras na polícia nos minutos finais da partida. Em outra demonstração de que atos políticos haviam entrado em campo, integrantes da torcida do Fenerbahçe gritaram solenemente o nome de Ali İsmail Korkmaz, torcedor de dezenove anos espancado até a morte pela polícia em

Eskişehir, durante uma passeata de apoio aos protestos do parque Gezi.

Dos 35 membros da Çarşı detidos naquele verão, muitos foram acusados de terrorismo e receberam pena de prisão perpétua, embora no fim tenham sido absolvidos. Recep Tayyip Erdoğan permaneceu no poder, e permanece até hoje. O parque Gezi também permanece. Pichações anti-Erdoğan ainda surgem aqui e ali, mas de modo geral a cidade seguiu em frente. Assim como o movimento Occupy, ocorrido antes, a mobilização do parque Gezi pode ter sido ideologicanete ampla demais para provocar mudanças políticas duradouras. Nos anos que se seguiram aos protestos, Erdoğan consolidou seu poder e perseguiu a imprensa, deixando a nação mais próxima do Estado autoritário que os manifestantes temiam. Os veteranos do Gezi estão divididos: alguns acham que falharam em criar um movimento político, enquanto outros apontam para o parque e dizem «Nós vencemos».

A conquista de uma vitória simbólica poderia ser uma razão para as torcidas do Gezi se sentirem otimistas e encorajadas. A Turquia não entrou em uma nova idade do ouro naquele verão, nem o Gezi assistiu a um período de bons sentimentos entre as três maiores torcidas rivais. Aqueles dias duraram apenas um instante, mas as imagens que produziram vão permanecer como uma prova de que, quando querem, as torcidas organizadas de Istambul podem concordar em alguma coisa. ✦

Página 197: Um membro da torcida organizada Çarşı, do Beşiktaş.
À esquerda: Torcedores do Galatasaray na saída do metrô que leva ao Türk Telekom, o novo estádio da equipe em Seyrantepe, no bairro de Sarıyer, Istambul.

Um sinal dos tempos

KALEYDOSKOP

Com quase 1,5 mil quilômetros de litoral ligando o Egeu ao Mediterrâneo, a província de Muğla, no sudoeste da Turquia, é uma das paisagens costeiras mais extraordinárias do mundo, mas também uma das áreas mais afetadas por uma combinação de turismo em larga escala com produção energética. Esse crescimento turístico foi tão meteórico que em 2014 acarretou a ampliação do aeroporto internacional de Dalaman, aumentando sua capacidade para 10 milhões de passageiros por ano. A exploração de recursos naturais e a disparada do turismo produziram uma explosão de construções que vem degradando o meio ambiente. De um lado, vitrines substituíram rochas, de outro, pedreiras tomaram o lugar de vinhedos.

Com vista para uma ampla extensão de água azul-celeste, Ölüdeniz, «Terra da Luz» para os lícios, ou «mar Morto» em turco, é uma das estâncias mais movimentadas da região. Quem se dirigir para lá a partir da cidade portuária de Fethiye enfrentará uma jornada de quinze quilômetros em uma estrada sinuosa que oferece a promessa de muito mar no sopé de penhascos íngremes. A chegada será precedida de uma série de construções que flanqueiam os dois lados da estrada: fachadas de instalações temporárias, minimercados, saunas, casas de massagem, restaurantes chineses, mexicanos e otomanos, casas de câmbio e lojas de suvenires com escorregadores aquáticos ao fundo e bares que oferecem os mesmos happy hours ininterruptos com esportes ao vivo e pints de cerveja, ingleses até mesmo na unidade de medida que é oferecida. Cidade-fantasma cinco meses por ano, repleta de prédios sem graça e sem nenhuma pretensão de autenticidade, o propósito de Ölüdeniz nada mais é que o consumo rápido imposto pelo turismo de alta rotatividade, que oferece às pessoas uma semana ao sol.

O destino final é a praia, uma grande faixa de areia ao longo da Lagoa Azul. Graças às fortes correntes que mantêm a água do mar clara e azul como a de um cartão-postal, Ölüdeniz foi eleita a melhor praia da Turquia em 2006. Mas as atrações estão em outro lugar: dezenas de asas-deltas sobrevoam constantemente a areia, e muitas agências de turismo oferecem aulas de voo. Barcos de todos os tipos estão atracados na costa, desde enormes navios turísticos vikings até lanchas para pequenos grupos, que servem de táxi para excursões diárias às praias próximas.

A principal delas é Kelebekler Vadisi, «vale das borboletas», onde, entre maio e junho, quarenta espécies diferentes de borboletas podem ser vistas, embora estejam se tornando cada vez mais raras. É difícil acessar o cânion por terra, com suas encostas de pedra íngremes, florestas fechadas, quedas-d'água e uma praia reservada. Até os anos 2000 ele permaneceu um paraíso desfrutado exclusivamente pelos poucos que se arriscavam na perigosa descida ou tinham meios de chegar por mar. O vale, que já foi o refúgio de jovens hippies que desejavam evitar as grandes cidades, é hoje um destino para excursões programadas de um dia em lanchas (com uma trilha sonora de estourar os tímpanos) que conseguem atracar com segurança na costa. Embora o terreno não permita que grandes

200   THE PASSENGER   Turquia

edificações sejam construídas, Kelebek possui agora muitos prédios – em 2019, a classificação do vale mudou de região «natural protegida» para região «sensível», o que significa que as obras para a construção de uma estrada de asfalto poderiam começar.

O mesmo se aplica ao vizinho vale do Kabak, um pouco mais a leste, mais amplo e com uma estrada que se estende seiscentos metros acima do mar. Os primeiros acampamentos começaram a surgir no início dos anos 1990. O vale de Kabak localizava-se no primeiro trecho do caminho lício – uma estrada de 540 quilômetros pontilhada de resquícios das eras lícia, romana e bizantina –, e o acesso a ele só era possível a pé ou em lombo de mula. Ao longo do tempo, abriu-se uma estrada de terra batida, e em 2018 iniciaram-se as obras de uma segunda estrada, agora asfaltada, paralela ao caminho entre as rochas. Após o plano de isenção fiscal de 2018, construções pré-fabricadas e improvisadas começaram a ser erguidas da noite para o dia, e agora o vale de Kabak tem mais de trinta acampamentos e outras edificações. Na alta temporada, entre julho e agosto, o vale pode hospedar até 5 mil pessoas – uma frequência que causa um impacto ambiental insustentável no frágil equilíbrio da praia de duzentos metros de comprimento, que até 1987 permanecia inexplorada. Graças a esse isolamento, tartarugas marinhas iam à região para a postura de seus grandes ovos, mas depois, desorientadas pelas luzes estroboscópicas e pela música *trance*, elas começaram a desertar da praia. Alguns ativistas resolveram construir grandes viveiros para separar a área de desova, com isso conscientizando os turistas sobre o fenômeno.

Antiga área grega reassentada por turcos entre 1915 e 1918, período em que ocorreu uma ampla eliminação de minorias cristãs na Anatólia, o trecho de litoral conhecido como Faralya foi negligenciado por muitos anos e só redescoberto e reavaliado como destino turístico em meados dos anos 1980. Desde os anos 2000, a área passou por transformações que têm abalado seu equilíbrio natural.

Seguindo da costa para o interior, a província de Muğla tem sido palco de outras batalhas ambientais. Desde 2014, a produção de energia elétrica a partir da combustão de linhito aumentou nas três usinas da região, construídas nos anos 1980. A extração feita em duas minas, que se estenderam por mais de 44 mil hectares, devastou a agricultura; terra, olivais e vinhedos ficaram sujeitos à venda compulsiva, vilarejos foram evacuados, e desde então a incidência de tumores disparou.

Na área próxima à província de Antália, alguns quilômetros a leste, a população lançou-se em uma obstinada campanha contra a construção da quinta usina hidrelétrica no rio Alakır. Em 2007, depois de uma batalha de oito anos, os habitantes conseguiram que o vale, com suas centenas de espécies endêmicas, fosse declarado área de proteção ambiental. No entanto, a ambição de independência energética e de exploração turística aumenta as chances de que se altere drasticamente a paisagem, com concessões de terras, contratos de edificação, isenção fiscal para construções e privatizações de terras.

Uma autora recomenda

Um filme, um livro e uma música para entender a Turquia, escolhidos por:

ELIF SHAFAK

Premiada autora turco-britânica que escreve em turco e em inglês, best-seller na Turquia, publicou dezessete livros, onze deles romances, e sua obra foi traduzida para cinquenta línguas. Em 2019, seu romance mais recente, *10 minutos e 38 segundos neste mundo estranho* [HarperCollins Brasil, 2021], foi finalista do Booker Prize. *The Forty Rules of Love* [As quarenta regras do amor], de 2010, foi escolhido pela BBC como um dos cem romances que moldaram nosso mundo. Shafak tem doutorado em ciência política e lecionou em universidades na Turquia, nos Estados Unidos e no Reino Unido, inclusive no St. Anne's College, em Oxford, onde é professora honorária. www.elifshafak.com

O FILME

ATRAVESSANDO A PONTE: O SOM DE ISTAMBUL
Fatih Akin, 2005

Adoro este documentário do talentosíssimo diretor Fatih Akin. *Atravessando a ponte* é comovente, encantador – uma obra de arte sociológica, e até certo ponto política, sobre Istambul, uma metrópole imensamente complicada. A música está no centro de tudo, portanto a questão é: pode-se contar a história de uma cidade tão multiforme e elusiva por meio de suas canções, baladas, melodias e músicos, tanto profissionais quanto amadores? Este filme mostra que sim, é possível. Istambul é uma cidade do velho e do novo, de ambições e ruínas, de sonhos e cicatrizes, de migrações e deslocamentos constantes, de recém-chegados, de moradores, de nativos depois expatriados, de exilados e daqueles que precisam ir embora... e a música da cidade reflete todos eles. Também é genial que o filme seja narrado pelo grupo alemão de rock industrial Einstürzende Neubauten. Ele nos conduz por Istambul, e gosto que um «estrangeiro com um interesse genuíno e um evidente amor pela cidade» seja nosso guia. Há artistas maravilhosos no documentário, mas, se me permitem, gostaria de destacar a cantora curda Aynur – ela é incrível. E há também uma música de tirar o fôlego que a banda psicodélica Baba Zula apresenta no meio do Bósforo. Como observa uma das personagens do documentário, Istambul é uma extraordinária cidade de sons, e, mesmo que a gente tranque a porta e vede as janelas, ainda ouviremos suas melodias.

O LIVRO

BEYOND THE WALLS:
SELECTED POEMS
Nâzim Hikmet
Carcanet/Anvil Press Poetry, 2002

Nâzim Hikmet (1902-63) é um dos meus poetas preferidos em língua turca. Eu estava no ensino médio quando o li pela primeira vez e alguma coisa mudou em mim. Para ser sincera, eu não sabia muito bem o que pensar dele: era uma escrita que me desorientava, diferente de tudo que eu já tinha lido. Eu me sentia como se estivesse vendo uma paisagem estonteante pela primeira vez e não conseguisse processá-la direito. Então, um ou dois anos depois, quando entrei na universidade, eu o retomei, e então li tudo que pude encontrar dele e sobre ele. Desenvolvi uma obsessão por Nâzim, seus poemas, sua vida. O que mais gosto nele é o modo como harmoniza imagens contrastantes. Há raiva em sua escrita, há luta, resistência, rebelião, revolução. Ele fala de liberdade, dignidade humana, equidade, justiça. E ao mesmo tempo externa tanto cuidado, ternura, compaixão, amizade e amor. Nâzim é aquele tipo raro de ser humano que consegue falar de ideais importantes enquanto aprecia a brisa da manhã, as floradas, o toque suave da seda, o pingo de chuva na folha, o sorriso de um estranho que você nunca mais vai encontrar. É impressionante o modo como ele entremeia detalhes aparentemente banais com questões maiores. Sua voz é atemporal. É esse o homem que disse «O mais belo mar ainda não foi cruzado. A mais bela criança ainda não cresceu. Os mais belos dias nós ainda não vimos. E as mais belas palavras que eu queria lhe dizer... ainda não disse». Quem quiser entender a alma da Turquia – a passada, a presente e a futura – deve ler Nâzim Hikmet. Não em silêncio, mas com audácia, em alto e bom som, ouvindo o ritmo, a energia, o fluxo...

A MÚSICA

SUSAMAM
Şanışer apresenta Fuat Ergin, Ados, Hayki, Server Uraz, Beta, Tahribad-ı İsyan, Sokrat St, Ozbi, Deniz Tekin, Sehabe, Yeis Sensura, Aspova, Defkhan, Aga B, Mirac, Mert Şenel e Kamufle, 2019

Vou trapacear um pouco nesta seção e, em vez de recomendar um álbum, vou escolher apenas uma música: «Susamam», que em turco significa «Não posso continuar em silêncio». É uma obra de arte muito poderosa e corajosa, com cerca de quinze minutos e que reúne dezoito jovens músicos, a maioria ligada ao rap. Então, se você quiser ficar por dentro, pelo menos um pouco, do que fazem alguns dos mais talentosos músicos da Turquia hoje, esse é o vídeo que você precisa ver, essa é a música que você precisa ouvir. A gente sabe que, em um país onde não há liberdade de expressão, os rappers têm sido repetidamente alvo das autoridades, no entanto é impressionante vê-los se unindo, escrevendo letras tão fortes e se manifestando. «Susamam» é uma das canções mais políticas feitas nos últimos anos e aborda questões de importância fundamental – de direitos humanos a liberdade de expressão, de degeneração cultural ao fim da gentileza e da civilidade, de direitos das mulheres a emergência climática. Um verso diz: «Se você fosse preso uma noite injustamente, ilegitimamente, não conseguiria encontrar um jornalista para cobrir a sua história porque estão todos atrás das grades». O ritmo, a letra, mas também a amizade, a camaradagem e a ousadia que claramente compõem essa música, são fascinantes. Assim que ela caiu na internet, milhões de pessoas a ouviram e compartilharam. Resumindo: é uma canção fundamental que mostra que até nas circunstâncias mais sombrias a arte é, e tem sido, sempre resistência.

Uma autora recomenda

Uma playlist

**AÇIK RADYO
E *KALEYDOSKOP***

Você pode ouvir esta playlist em:
open.spotify.com/user/iperborea

Açık Radyo (Rádio Aberta, em português) é uma emissora de rádio independente que surgiu em 1995, em Istambul, e é transmitida na frequência 94.9 FM, bem como por streaming na internet. Criada por Ömer Madra, um intelectual que aprendeu sobre o negócio em meio ao clima político do ativismo turco dos anos 1970, a Açık Radyo conta com mais de noventa acionistas de círculos culturais da esquerda turca e foi lançada com a ideia de oferecer uma plataforma para a transmissão de notícias independentes e para as muitas iniciativas socioculturais vibrantes do país. A emissora, financiada sobretudo por doações de seus ouvintes, permanece um ponto de referência fundamental do jornalismo independente, e os muitos programas produzidos por voluntários ao longo dos anos ofereceram um canal para movimentos feministas e ambientalistas, literatura curda e armênia, questões LGBTQ e várias lutas por direitos que ocorreram na história da Turquia. Embora os microfones da Açık Radyo tenham transmitido 25 anos de uma história marcada por muitos períodos de trevas, luta e resistência, eles também promovem música. Esta playlist criada pela Açık Radyo traz uma série de nomes que deixaram sua marca na música turca de meados da década de 1990 até hoje. Na época em que a emissora foi criada, a Turquia vivia uma encruzilhada cultural. Enquanto a privatização da TV e do rádio contribuiu para uma expansão cultural, muito do que se produzia era medíocre; ainda assim, esse também foi um período no qual muitos músicos importantes começaram a alcançar um público mais amplo. Esta playlist demonstra a continuidade da tradição musical turca, com nomes de artistas que se destacaram durante essa explosão cultural e que ainda hoje são relevantes (Neşet Ertaş, Sezen Aksu, Fikret Kızılok) e daqueles de gerações mais recentes (Ayyuka, Nekropsi, Lalalar). Presta também a devida homenagem a alguns de seus antecessores ilustres e inovadores, um grupo original de artistas populares e pioneiros. Ao montar esta seleção, a ideia da Açık Radyo foi abarcar diferentes gêneros, do folk e da psicodelia ao jazz. O resultado é uma playlist curta, sem dúvida incompleta, mas eclética – e *açık*.

1
Ahmet Kaya
Hadi bize gidelim
2001

2
Sezen Aksu
Kutlama
2008

3
Neşet Ertaş
Gönül dağı
1990

4
Fikret Kızılok
Yeter ki
1993

5
Nazan Öncel
Sokarım politikana
1999

6
Lalalar
Hata benim göbek adım
2019

7
ZeN
Burda bizden başkası yok ki
1999

8
Ayyuka
Maslak halayı
2019

9
Nekropsi
Erciyes şokta
2006

10
Ezhel
Olay
2019

11
İslandman
Ağıt
2016

12
Ayşe Tütüncü
Panayır
2005

13
Yaşar Kurt
Anne
2003

Uma playlist

Fontes complementares

LIVROS DE NÃO FICÇÃO

Orhan Pamuk
Istambul
Companhia das Letras, 2007

Colin Wells
De Bizâncio para o mundo
Bertrand Brasil, 2011

Edward W. Said
Cultura e imperialismo
Companhia de Bolso, 2011

Edward W. Said
Orientalismo:
O Oriente como invenção do Ocidente
Companhia de Bolso, 2007

Alan Palmer
Declínio e queda do Império Otomano
Globo Livros, 2013

Beril Eraydin Athayade
Os Temperos da Cozinha Turca
Addresses, 2021

LIVROS DE FICÇÃO

Nâzim Hikmet
Paisagens humanas do meu país
Editora 34, 2015

Elif Batuman
A idiota
Companhia das Letras, 2021

Orhan Pamuk
Uma sensação estranha
Companhia das Letras, 2017

Elif Shafak
10 minutos e 38 segundos
neste mundo estranho
HarperCollins Brasil, 2021

Elif Shafak
De volta a Istambul
Nova Fronteira, 2007

Tuna Kiremitçi
As preces são imutáveis
Sá Editora, 2015

Oya Baydar
Palavra perdida
Sá Editora, 2016

FILMES

Fatih Akin
Contra a parede (Gegen die Wand)
2004

Nuri Bilge Ceylan
Sono de inverno (Kış Uykusu)
2014

Nuri Bilge Ceylan
A árvore dos frutos selvagens (Ahlat Ağacı)
2018

Metin Erksan
Verão seco (Susuz Yaz)
1963

Deniz Gamze Ergüven
Cinco graças
2015

Reha Erdem
Kosmos
2009

Şerif Gören and Yılmaz Güney
Yol
1982

Semih Kaplanoğlu
*Ovo (Yumurta), Leite (Süt),
Um doce olhar (Bal)*
2007, 2008, 2010

Ferzan Özpetek
Hamam: o banho turco (Hamam)
1997

Yavuz Turgul
O bandido (Eşkıya)
1996

The Passenger – Turquia
1ª edição

Edição em português
© Editora Âyiné, 2022
Praça Carlos Chagas, 49 – 2º andar
30170-140 Belo Horizonte – MG
+55 31 3291-4164
www.ayine.com.br | info@ayine.com.br

Tradução: Érika Nogueira Vieira
Edição: Maria Emilia Bender
Preparação: Ciça Caropreso
Revisão: Andrea Stahel, Paulo Sergio
Diagramação: Lila Bittencourt, Luísa Rabello
Produção gráfica: Clarice G Lacerda
ISBN 978-65-5998-020-8

Editora Âyiné
Direção editorial: Pedro Fonseca
Coordenação editorial: Luísa Rabello
Coordenação de comunicação: Clara Dias
Assistente de comunicação: Ana Carolina Romero
Assistente de design: Lila Bittencourt
Conselho editorial: Simone Cristoforetti,
Zuane Fabbris, Lucas Mendes

Edição original
The Passenger – Turchia
© Iperborea S.r.l., Milano 2020
Publicado por acordo com
Casanovas & Lynch Literary Agency

Design gráfico e direção de arte:
Tomo Tomo e Pietro Buffa

Fotografias: Nicola Zolin
O conteúdo fotográfico é de curadoria
da Prospekt Photographers.

Ilustrações: Edoardo Massa
Infográficos e cartografia: Pietro Buffa

Agradecimentos a: Açık Radyo, Tuncay Akgün,
Giulia Ansaldo, Nicolò Bagnolini, Martina
Barlassina, Marco Cacioppo, Bruno Cianci, Ebru
Değirmenci, Carlotta De Sanctis, Selçuk Erdem,
Andrea Gessner, Ersin Karabulut, Paolo Lodigiani,
Valentina Marcella, Lea Nocera, Çağrı Sinci, Burhan
Sönmez, Sevi Sönmez, Nicola Verderame

Todos os direitos reservados. Não está permitida
a reprodução total ou parcial deste livro, nem sua
transmissão em qualquer forma ou por qualquer
meio, seja este eletrônico, mecânico, por fotocópia,
gravação ou outros meios, sem a prévia autorização
da editora. A infração dos direitos mencionados
poderá constituir delito contra a propriedade
intelectual.

A grande escavação
© Elif Batuman, 2015. Usado com permissão da Wylie
Agency (RU) Ltd. Publicado pela primeira vez na revista
The New Yorker em 24 de agosto de 2015

Não chame de novelas é um capítulo do livro *New
Kings of the World*, de Fatima Bhutto, publicado em
2019 pela Columbia Global Reports.
© Fatima Bhutto, 2019

Os trinta anos do golpe na Turquia
© Dexter Filkins, 2016. Publicado pela primeira vez
na revista *The New Yorker* em 10 de outubro de 2016

Negócios à la turca é um capítulo adaptado e
atualizado do livro *Turkish Awakening*, de Alev Scott,
publicado em 2015 pela Faber and Faber.
© Alev Scott, 2020. Usado com permissão de
Alev Scott c/o Georgina Capel Associates Ltd, 29
Wardour Street, Londres, W1D 6PS, e da Faber and
Faber Ltd

Eros e Tânatos no restaurante
© Sema Kaygusuz, 2020

Sobre djims e luz
© Burhan Sönmez, 2020

As raízes do nacionalismo turco é um capítulo
adaptado do livro *Türkei verstehen: Von Atatürk
bis Erdoğan*, de Gerhard Schweizer,
publicado em 2016 pela Klett-Cotta Verlag.
© J.G. Cotta'sche Buchhandlung Nachfolger
GmbH, 2016

Uma fábula sem final feliz
© Ercan y Yılmaz, 2020

*«Eu rimo Istambul»: de Kreuzberg para
a Turquia e da Turquia para Kreuzberg*
© Begüm Kovulmaz, 2020

A ponta afiada do lápis: sátira na era Erdoğan
© Valentina Marcella, 2020

Torcidas organizadas unidas
© Stephen Wood, 2017. Publicado pela primeira
vez em *These Football Times* com o título «How Gezi
Park Brought Together the Ultras of Galatasaray,
Fenerbahçe and Beşiktaş» em 28 de março de 2017

Uma autora recomenda
© 2020 Aleph Libros Ltd. O direito de Elif Shafak ser
creditada como autora deste trabalho foi garantido
de acordo com o Copyright Designs
and Patents Act de 1988.